日本語とにらめっこ

見えないぼくの学習奮闘記

モハメド・オマル・アブディン 著
河路由佳 聞き手・構成

白水社

日本語とにらめっこ　見えないぼくの学習奮闘記

装幀・本文デザイン　白畠かおり
イラスト　山本祐司

はじめに

ぼくがいつになっても返答に困ってしまう質問があります。

「どうやって日本語を勉強しましたか？」

困ってしまう理由はたくさんあるのですが、以下に簡単に紹介します。

まず、ぼく自身は視覚障害者であり、文字を読むことができず、点字などを活用して日本語を勉強してきています。点字の話を切り出すや否や、「点字って世界共通ですか？」などと、聞き手の別の好奇心に火がついてしまい、もう急ぎの場合などは次の予定を諦めざるを得ないほどに、質問を連射的に浴びせられるのです。なにか簡単に答えられる方法はないものでしょうか。

二つ目の理由は、ぼく自身の日本語学習プロセスが特殊であり、説明しても果たして分かってもらえるのか、説明しても意味があるのか、判断しかねるのです。留学生が来日すると、だいたい一年から二年ぐらいは日本語学校に通って、ほかの留学生とともに日本語を学ぶのですが、ぼくの場合は、二か月ほど生活訓練（一人で移動することや、電車の切符を買うことなど）に時間を使い、日本語学習の時間がほとんどないまま、日本人オンリーの環境で鍼灸という特殊な専門分野の勉強を始めてしまいました。だから、どうやって日本語を勉強をしてきたのかと言われても、客観的に答えられないのです。

そして最も大きな理由は、ぼく自身が、じつはよく分かっていなかったことです。ほかの留学生と一緒に学べば、クラスメートと比較して、自分がどこまで成長したかなどを測ることができますが、日本人だらけの環境にどっぷりつかっていると、自分がどこまで成長したかは分かりません。いくら成長したって日本人に敵うはずがないのだから当然でしょう。それに、日本に来てから、最初の数年間はずっと、学校の勉強や友人知人の会話についていくのに精一杯で、日本語の学習プロセスを振り返る余裕や贅沢なんかありませんでした。

でも、本書の聞き手である河路先生と、あるきっかけで出会ってから、その考えに変化が起きました。河路先生はぼくの日本語学習のプロセスにひどく関心があるようで、ぜひ聞かせてもらいたいと熱心に口説かれたのです。とはいえ、日本語教育の専門家でもないぼくは、学習プロセスについて語るようなスペシャリティやスキルがあるわけではないので、あまり気が進みませんでした。

しかし、ふだん物腰の柔らかい河路先生は、研究に話が及ぶと人が変わってしまうのです。逃亡しようと試みたものの、河路先生は、ぼくが駆け込む出口をふさいでその意義を熱く語ってくるので、ついに応じることとなりました。そこから、白水社の轟木さんと書籍化の話がとんとん拍子で進み、いよいよぼくの日本語とにらめっこした二十年間の奮闘の記録が始まったのです。

その間、ぼく自身の生活のさまざまな変化や、新型コロナ感染拡大による混乱した状況により、完成まで三年以上の月日を要してしまいました。何度も心が折れそうになりましたが、そのたびに河路先生や轟木さんに多大なサポートをいただいたおかげで、刊行まで漕ぎつくことができました。お二方に心より深く感謝いたします。

読者の皆様へ

本書は、日本語教育関係者が専門的観点から読むこともできますが、一般読者にとっても非常に読みやすいものとなっています。

外国語に挑戦してみたものの進歩せず足踏みしている方、改めて、母語として使っている日本語の魅力を噛みしめたい方、違った視点から日本を見つめなおしたい方、本書と数時間のにらめっこをしてみてはいかがでしょうか？

二〇二一年三月十七日午前八時

モハメド・オマル・アブディン

日本語とにらめっこ　見えないぼくの学習奮闘記　目次

謝辞

本書の刊行日が決定したころ、ぼくが日本でもっともお世話になった、福井県立盲学校時代の恩師、窪田清和先生が七十三歳で永眠されました。先生、ここまで本当にどうもありがとうございます。本書を届けることができずに残念です。どうか安らかにお眠りください。

モハメド・オマル・アブディン

第一章 文字を知る

文字の記憶

——アブディンさんは、スーダンの首都ハルツームで生まれて十九歳までを過ごしました。来日前の言語環境、言葉の世界とはどんなものだったんでしょう。子どものころのお話を聞かせてくれませんか。

ぼくは、子どものころは弱視で、光が見えました。活字も、プリントのはっきりした大きい文字なら読めたんです。小学校一年生や二年生の教科書は字が大きかったから、自分で読んでいました。全部アラビア語です。それが、だんだん、少しずつ読めなくなりました。網膜色素変性症という目の病気で、兄も同じなんです。兄も大変な読書好きでしたが、やっぱり見えなくなって、ぼくより先に視力を失いました。だから兄を見て、ぼくもああなるんだと思いながら育ちました。

住んでいたスーダンのハルツームの町は、子どものころは、今ほど車が多くありませんでしたから、一人で学校へ通っていました。家から学校まで一キロくらいで、舗装された道路は一か所しかなくて、その道を渡れば怖くありません。慣れた道ですから、自転車にも乗れました。夜でも、自転車に乗ってました。夜は人も車も少ないから、かえって安全なんです。

ところが、学年が上がるにつれて見えるものが減っていき、自転車に乗る自信がなくなってきました。小学校三、四年生のころから、アラビア語を読むのはもうつらいと思うようになりました。ついに文字が見えなくなったと思ったのは、十二歳ぐらいの時、中学校に上がったころです。英語の勉強が始まって、まずアルファベットを見て書くのがあったんです。最初は文字が大きかったので、何とか読めましたが、それが自分の目で文字を見た最後なんですよ。同じ大きさのアラビア語は、もう読めませんでした。アラビア語は文字がつながっていますから、判別しにくいんです。英語のアルファベットは、最初は一つひとつ分かれていましたから読めました。でも筆記体で書かれたものが出てきてからは、もう分からなくなりました。だから、中学校一年生で文字とはおさらばした感じです。

文字が、少しずつぼくの目の前から消えていったわけです。どんどん消えていく。そうすると、読みたいものを自由に読める同級生に対して、妬みやひがみの感情が出てきました。

――盲学校ではなく、一般の子どもの通う小学校だったんですか。

ええ、そうなんです。スーダンの盲学校は、国立のエルヌール盲学校一つだけで、ぼくはあまり知りませんでした。ぼくの親もやっぱり、よく知らなかったと思います。知ろうとしなかったかもしれません。父は特に、自分の息子が盲人だとは認めたくない、何て言うか、「どっぷり盲人」として育てたくないという思いがあったようです。「どっぷり盲人」という言い方はどうかなと思いますけど。

一九九〇年代前半、盲人は、何にも見えない不自由な人、憐れむべき人だとみなされていました。ぼくと兄は強度の弱視でしたが、「ぼくらは盲人じゃない。いつか治る病気だ」と思っていました。「いつか治るだろう」と思いたかったんですね。治らなくても、盲人じゃない、視力が弱いだけ。ぼくは、自分は「見える」と思ってました。

もし、自分が視覚障害者であると認識することで、点字が学べていろいろ読めるようになるとか、何かメリットがあったら違っていたかもしれませんが、当時はそんな魅力が何一つなかったんです。点字の存在も知りませんでしたし。メリットがないんですから、自分をわざわざ視覚障害者であると認識する必要がなかったわけです。

それで、ハルツーム州の普通の学校に通って、普通の子どもたちと一緒にアラビア語で勉強しました。ひとクラスに子どもが七十人もいて、先生も大変だったと思います。ぼくのために特に配慮をしてくれることはありませんでした。点字なんて誰も知りません。どうやって勉強したかというと、教科書を時々、友だちに読み上げてもらうんです。でも、どんなに親しい友だちであっても、そんなに頻繁には頼めませんから、やっと教科書を読んでもらえた時に、その内容を一度で覚えないといけません。二度と聞けないかもしれないわけですから、必死で集中して、一度聞いたら全部覚えるようにして勉強しました。聞いて覚える。これで記憶力が鍛えられました。

でも、まあ、今振り返りますと、無駄なことに集中していたような気もします。分析するとか味わうとかではなくて、ただ覚える、まるごと飲み込む、ということに大変なエネルギーを使ったわけですから。

試験の時は、先生が問題を読み上げるのを聞いて、答えはぼくが自分で書きました。自分で書いたものを自分で読むことはできませんでしたけれど、書かないと叱られますから、書くしかなかったわけです。なかなかまっすぐに書けませんから、一行目が三行目と交差したりするんですが、先生方は読んでくれました。

　父はバシール政権下で反政府的だとみなされ、失脚させられて仕事を失っていたんですが、アラブ諸国で出た、政治経済からスポーツまでいろいろなニュースが載っている雑誌を定期購読していて、それが毎週届きました。ぼくは大きい文字だけは読めますから、記事の見出しだけ読んで、「たぶんああいうことなんだろうな」と想像するんです。分からないことはちょっと父に聞いたりして、分かったような気になっていました。父は、ぼくがいろいろな知識を得るのを喜びました。親はみんなの前で、「どうだ、俺の息子はよく知ってるだろう」と自分の子どもの自慢をしたがりますね。子どもの目が見えないことで同情を受けるのは嫌な人でした。自分の息子が見えないということを、父自身も受け入れられないところがあるわけです。ぼくは学校の成績もよかったんです。父は、とても複雑な思いで、それでもぼくたちに期待をかけていたわけです。

　そのころのぼくは、中身はないのに図体はでかい、ヘチマみたいな感じですよ。タイトルは頭に入るし、それでしか勝負できないから、そのちょっとした知識だけで、あたかも「いっぱい知ってるよ」みたいな見せびらかし方をすることを、身につけたわけです。これは、よくないことでしたね。

——中学校や高校も、一般の子どもたちの行く学校ですか。

そうなんです。スーダンは、小学校より中学校の数は少ないですから、全員が中学校に通うことはできません。中学校に上がる時に受験があって、人数がしぼられるんです。ぼくは、下級生が問題を読み上げて、それに対してぼくが答えを言うと彼が書く、という方法で受験しました。その役目をするのが上級生だと有利になるんじゃないかということで、下級生になったんですが、下級生はまだ習ってない数学の記号が分からなかったり、英語が正しく読めなかったりしました。時間の延長もなかったから、今、思うと不公平ですね。今、世界的には一・五倍か二倍の時間延長をするのが普通です。日本もそうです。それでも、当時のぼくは、やってもらえるだけいいと思っていました。

文字が読めなくなると、学校の勉強も、理科とか数学とかが、つらくなってきました。ただ、中学二年生の時、先生がぼくのために、ひと手間かけてくれたことがあります。数学の時間、三角形などの図形について、先生はまずみんなに説明したあと、黒板の前にぼくを呼んで、ぼくの手に先生の手を添えて、勉強してる図形を黒板に描かせるようにして、その形を教えてくれたんです。こういう配慮はありがたかったです。苦手だった数学が、その年だけ一〇〇点満点でした。先生の配慮があるかどうかで、生徒の学習の成果は全然違ってきます。

でも、そんな先生はあまりいません。高校の時、ぼくは文系に進むと決めて、理科系の、生物や物理、化学の授業にはほとんど出ませんでした。というのは、スーダンの大学は数が少ないですし、競争が厳しいですから、大学に行くためにどうしたらいいかを一番に考えてしまうわけです。当時のぼくにとっては、文系の科目を全部勉強して大学に行くには、そこに重点を置いて早くやらないと間に合わないわけですよ。それで、試験に関係ある最低限の科目だけにしぼったんです。生物・物理・化学は試験のある日だけ授業に出て、一〇〇点満点のうちの一〇点とかでも取ればいいわけです。授業に出てませんから、試験の前日になって、分からないなあと思いながら教科書を読んでいました。でも、まあ、〇×問題もあるから、もしかしたら当たるかなと。全体で五〇パーセント以上の点が取れたらOKでしたから、文系の試験でバーンと高得点を取って、合計でぎりぎり基準点を超えればいいいと思っていました。

数学の中で統計とかグラフとか、そういう考え方を、中学や高校で勉強しますよね。それをぼくは、見えないからって諦めてやらなかったんですよ。高校は大学受験だけが目的ではなくて、幅広い教養を身につけるところですから、こんなふうに偏った勉強の仕方をしたのは、本当によくないことだったと反省しています。今になって、教養の必要性を噛みしめるたびに、思います。この時やらなかったから、今でも統計を使うような量的研究が苦手なんです。

スーダンでは高校三年生になると、全員、全国共通の卒業試験を受けます。これは、高校の卒業資格試験と大学の入学試験を兼ねた試験です。ほかに大学の個別試験はありません。受験生は、第一から第三十まで希望を書きます。大学側は第一志望の人を定員を満たすまで取りますから、入れそうにないところを第一志望にすると、入れたかもしれない第二志望にも入れなくなります。戦略的にやらなければならないんです。幸いぼくは文系ならどこでも入れる成績だったので、第一志望のハルツーム大学法学部にすんなり入学が決まりました。法律の勉強をして弁護士になろうと思っていました。

点字との出合い

――法律の勉強は、たくさんのものを読まなければならないと思いますが、点字を学ぶ機会はあったんですか。

点字は、ちょうど大学進学のころ初めて知りましたが、それを使って勉強したわけじゃないんです。

スーダンには徴兵制があります。でも、ぼくは実質的に免除になりましたから、大学入学前に時間ができたわけです。友だちは軍事訓練していますから誰もいませんし、この時間を生かして何か勉強しようと思って探してみたら、政府が運営している英語塾がありました。役人が英語力を高めたりするための塾でしたが、視覚障害者は無料で勉強できるということで、ここに通うことにしたんです。

その教室で、初めて視覚障害者の友だちができました。別の大学に進学が決まっている同い年の人で、ぼくと違って盲学校の卒業生でした。彼はぼくに「あなたは盲人でしょう」と、なんか馬鹿にするような感じで話しかけてきたんですよね。「違います」と言ったら、「じゃ、これは何本？」と指を出してくるから、「分からない」と言ったら「立派な盲人じゃないか」と言うんです。猛然と腹が立ってぶん殴りたくなりました。それまでにも、見えるやつによく「これ、何本？」といじられて、ケンカしてきましたからね。でも、今回は本人も見えないんですから、文句言うわけにはいきません。この時、ずっと抵抗してきた何かが、あっさり消えました。

彼は盲学校で、英語とアラビア語の点字を習っていました。その後、ぼくが点字を知らないのを知って、時々、ぼくの家に来て、点字を教えてくれたりしました。とてもいい人でした。これが、ぼくと点字との出合いなんです。

こうして、ぼくはようやく自分が盲人であるということを受け入れました。ちょうど、自分でも、これ以上「盲人じゃない」と言い張るのは無理かなという気がしてたんです。英語にしてもスペルを知らずに勉強するものですから、話したりはできるんだけど、読み書きは難しいんです。本が目の前にあっても読めないというのは、ほんとにね、なんかもう、宝の持ち腐れというか、書物をしょってるロバのようで、大事なものを持っているのに、それが読めない。

――「書物をしょってるロバのよう」という言い回しはおもしろいですね。

これはコーランからの引用です。ちょっと待ってください。（妻に電話して確認。）えっと、岩波文庫の『コーラン』、そこにありましたね。下巻の目次を、最後の「人間」から四十七ほどさかのぼってくれませんか。（編集者が「主権」「禁断」「離縁」「だましあい」と読む。）もう少しさかのぼってください。「集会」、それだ。その第五節です。「書物をしょってるロバ」という表現があるでしょう。

――ありました。「集会」の五番目の節。

律法《トーラー》を背負《せお》わされたのに、それが背負いきれなくなったような者ども（ユダヤ人のくせに『聖書』の戒律が守れない人々）は、まず譬えて見ようなら書物をたくさん背負いこんだ驢馬といったところか。まことに、アッラーのお徴《しるし》を嘘よばわりする者どもは情ない譬えにしかなりようもない。もともとアッラーは不義なす徒輩《やから》の手引きはなさらない。

（井筒俊彦訳『コーラン（下）』岩波文庫より）

そうそう、なんか難しい日本語ですねえ。でも、日本語で読むのもおもしろそうです。これは「神から与えられた戒律を守れない人々」のたとえです。ぼくはたまに、こういうのを出してきますから、ぼくの日本語はなんか変だなと思われるかもしれませんね。

ぼくと兄は、「なんで見えるのに本を読まないやつがいるんだろう」と話していました。兄もぼくも、読めるものなら本をたくさん読みたかったんです。兄は一九八〇年代に、「かざすだけで本を読んでくれる機械があればいいのに」と言っていました。今は、拡大読書機があるし、パソコンの音声読み上げソフトなども、いろいろあります。でも、そのころは何もなくて、そんなのは遠い夢でした。でも、兄はその時から時代に先駆けて考えていたんです。

兄は、粘り強く本を買っては、友人に音読させていました。読む人が、意味をちゃんと理解しないで変な読み方をしたりすると、聞いていてとても疲れるんですよ。で、兄が「いや、そうじゃなくて、こうだよ」と教えるわけです。すると、その人はだんだん読むのが上手になってきます。たまたま友人でアナウンサーを目指している人がいたんですが、兄はその人に「じゃあ、いっぱい音読しなきゃいけないでしょう、ちょっとこの本を読んでみて」と言って読ませて、「ここはこう読んだほうがいいよ」などと言って、あたかも自分がボランティアでその人の読み方を指導してあげているみたいな調子なんですよ。この人はほんとにカモにされていました。したたかなんです、兄は。

大学に入学したら、また別の視覚障害者の友だちができましたが、その人も点字の読み書きができました。ただ、そのころは点字で書かれた本があまりありませんでしたから、ぼくはそれほど実用性を感じなかったんです。それでも点字ができると、自分でノートをとったり、参考書を自分で書き写したりできますから、書くことにはメリットがあります。友だちは点字を打つ道具を持っていて、法律の参考書を書き写したりしてたんですが、初心者にはそこまでのことは難しいです。

英語とかアラビア語の場合は、全部書くと長いので、contraction（短縮）や abbreviation（省略）というような点字独特の書き方があるんです。英語で説明しますと、st とか th とか sh など、よく使う組み合わせを一つの記号で表して、たとえば th を表す記号に続けて ank を付けたら thank you の thank になります。これが「短縮」です。直前直後にほかのアルファベットがなくて、単独でthを表す記号が一つの単語のように使われたら、これはthisという単語の代わりになります。こういうのが「省略」です。これがけっこう厄介で、友だちが点字で書いたものは、ぼくには読めませんでした。つまり、ちょっと勉強したからといって、ぼくには英語やアラビア語の点字を勉強に生かすことはできなかったんです。読むことも難しければ、点字を打つ速度が遅すぎて、ノートをとることもできませんでした。

それで点字をどう使っていたかというと、暗号に使って遊んでいたんです。「あの子はかわいい」とか「あいつはやかましい」とか、ほかの人に聞かれては困る、仲間うち限定の話を、六つの点の組み合わせで「一、三、五」みたいに伝えるんですよ。仲間には目の見える友だちもいましたが、彼も同じ方法でぼくたちに情報を流したりするんです。おもしろかったですね。

——アラビア語の文字は、母音を書かないんですよね。

アラビア語を話さない人には母音を書かないと分からないでしょうけど、話す人は発音が分かっているわけですから、書かなくても問題ありません。点字も、字数が増えると面倒ですから、ノートをとる時などは母音は書きません。悪口を言う時も母音はぬかします。どちらかというと、悪口はいかに速く言うかが大事ですから、母音を付けてる余裕がないですからね。

それにしても、法学部は、気が遠くなるほど膨大な分量のものを読まなければなりません。高校の時までと違って、決まった教科書の内容を勉強するわけでもありませんから、いろいろ、次々に読んでいかなければならないんです。これはきついなあ、苦しいなあ、と思っていた時に、突然、日本留学の情報が舞い込んできました。

じつは、ちょうどこのころ、スーダンの政治状況が悪く、入学して二か月ほど通ったら大学が閉鎖されてしまって、再開の目途も立っていませんでした。当時の空気は重苦しくて、たとえ大学が再開されたとしても、明るい夢を描きにくいと感じていました。二〇〇〇年以降はもう少し変わってくるんですが、九〇年代は政府側も自分たちの政権をちょっとでも脅かすかもしれない存在にびくびくしていたところがあって、気に入らない人を見つけると拷問したり殺したりしていました。ここにいても、自分を表現することは難しいと感じました。

ぼくが、突然降ってきたような日本留学の話に心を惹かれたのは、こうした状況の後押しもあったと思います。もっとも、みんなが日本留学の話に飛びつくとは限りません。日本についての情報はあまりないわけですから。ハルツーム大学は、日本でいえば東大と同じで、入学することを目的としてる人も多いんです。せっかく入ったんだから、中退なんかしないで卒業したいと考える人も多いと思います。でも、ぼくはこの時、ハルツーム大学を中退しても、新しい可能性が拓けるかもしれない日本への留学に、夢をかけてみたいと思いました。ぼくが自分を誇らしいと思うのはここなんですよ。世間的な肩書にとらわれず、守られることを放棄して出て行ったというところ。初心はそこなんです。あとがないと思ったから、ほんとに泥臭くやるしかありませんでした。だから、がんばる気になれたし、新しい自分の居場所である日本に懸命に溶け込んだところもあると思います。

じつは、いよいよ日本に来るという時、大学は再開されることが決まりました。まったく心が揺れなかったかというと、そういうことはないんですが、ハルツーム大学は休学して二年以内なら復学できるという制度もありました。猶予はある。それなら、ためらうことはないと思いました。

点字で学ぶ日本語

――突然舞い込んだ日本留学の話は、どんなものだったんですか。

日本の国際視覚障害者援護協会（以下、協会）が留学生を募集しているという情報を、同じ大学の友だちの先輩が教えてくれたんです。日本へ行って鍼灸を学べるというんですね。日本では、鍼灸を学んで目の見えない人もそれを仕事にして生きていけるから、世界各地の目の見えない人に呼びかけて日本で勉強させてくれる団体があるというんです。ほんとかなと思いましたけど、信じてみる気になりました。

――その募集に応募して、試験などを受けたのでしょうか。

留学生を選ぶ試験は二段構えで、最初の試験は点字と英語でした。ぼくは点字はあまりできませんでしたけど、大学入学前に六か月英語を勉強しましたから、英語の成績がよかったんだと思います。最初に選ばれた四人のうちに入ることができました。

この四人に対して、わざわざ日本から協会の理事長が来て、二日間みっちり日本語の五十音、「あいうえお、かきくけこ」を教えてくれたんです。当時の理事長は全盲の韓国人で、自分も日本語を外国語として勉強した経験がある人でした。教えるのがとても上手でした。

まず「あいうえお」のレッスンで、いきなり五十音の発音とあわせて点字の特訓が始まりました。日本語の点字は、かな文字の「あいうえお」にあたるわけです。日本語のすごいところは、五十音が読めたら、それだけで、かなで書かれたものは、何でもすらすら読めるようになるところです。あいさつとか、「おなまえは、なんですか」とか、何でも読めるようになります。だから、すごくできるようになった気分になるんですね。英語だったらスペリングと発音の関係は複雑だからそうは行きません。このghは読まないとか、単語によって同じOでも読み方が違うとか、簡単ではありませんから。でも、日本語はそのまま読めばいいんです。例えば、R、I、G、H、Tが読めても、rightは別に勉強しないと読めませんけれど、日本語は「み」と「ぎ」が読めたら「みぎ」が読めます。

――四人で、日本語の点字の特訓を受けたわけですね。

はい。四人でしたが、その中から日本へ行けるのは一人だけでした。協会の理事長は二日間の「あいうえお」の特訓の途中で、突然「この番号を覚えておいてください」といってFAX番号なのか何なのか、十桁の数字を言いました。それで、十分くらいしてから「あの番号を覚えていますか」と聞きました。点字で勉強している人は、聞いて全部覚える必要はないわけですが、ぼくはそれまで点字を使わず、耳で聞いて覚える方法でやってきたわけですから、聞いて覚えることには長《た》けていたんです。十桁の数字を覚えるなんて何でもありません。お茶の子さいさいでした。で、すらすら言ったら、彼はびっくりしたんです。最終的にぼく一人が選ばれたのは、これが決め手だったのではないかと思います。点字もいいですが、聞いて学ぶ利点はこれです。記憶力が冴えることなんです。今となっては、キャッシュカードの四桁の暗証番号を覚えるのに必死で、「諸行無常の響きあり」なんですけどね(笑)。

理事長が帰ってからも、四人の訓練はしばらく続きました。その間、名古屋大学に留学経験のあるイサムさんが、日本語の勉強を助けてくれました。彼はスーダン人の留学生としては珍しいほど日本語がよくできたんです。ただし、イサムさんは点字はできませんから、ぼくたちの教科書は読めません。四人が順番に点字を読み上げると、イサム先生が意味を説明してくれました。この時勉強したのは、あいさつとか簡単な会話です。

日本へ行くまでに日本語を勉強したのは、実質的に二か月足らずでした。アラビア語や英語の点字に出合ってからは八か月ほどが経っていましたが、この間、日本語はもちろん、アラビア語や英語も含めて、点字はそんなには使えませんでした。点字を本格的に使うようになったのは日本へ来てからです。

四人を選ぶ面接の時に点字ができるかどうかを審査したのは、エルヌール盲学校のファルーグ先生でした。日本語の点字の特訓を受けた時にも、あとでフォローアップしなければならないということで、ファルーグ先生は同席していました。毎日一緒にいるうちに、先生も日本語の点字や会話ができるようになり、このあと、ボランティアで希望者に教えるようになったんです。今スーダンには、直接ファルーグ先生に習った人だけではなく、ファルーグ先生から習った人に教わったという孫弟子までいて、そこそこうまい日本語を話したりするんですよ。

――日本に来てからは、どんなふうに勉強したんですか。

最終的にぼくが選ばれて、日本に着いたのは、一九九八年一月十九日でした。板橋にあった協会の事務所兼寮でお世話になりました。しばらくそこで、理事長からマン・ツー・マンで日本語を習いました。スーダンで点字の手ほどきをしてくれた全盲の理事長です。ちゃんとした日本語プログラムがあったわけではありません。彼は、オフィスで仕事をしながら、「じゃあ、読みな」と、ぼくに言うんです。ぼくが大きな声で読みあげると、間違いを直してくれます。ぼくらが読めるようにしておけば、こうやって自分が仕事の合間に教えられるから、最初に点字を教えてくれたんです。おもしろいですね。意味が分からなくても、ぼくは、点字ならばーっと読めますからね。

この時使った教科書は『日本語の基礎*』の点字版で、もとの本は上下二冊らしいですが、点字版だと全部で五、六冊になっていました。この協会が作ったんだと思います。この教科書はもともと技術研修者用で、そういう人たちにとって優先順位の高い単語や表現が出てきます。目的が違いますから、文法はともかく、出てくる単語や例文の内容は、ぼくのニーズにはかすりもしないんです。「コマラさんは、機械の組み立て方を……」とか、「タノムさんは研修センターから……何分かかりますか」といった例文ですからね。機械の組み立てなんて、ぼくには必要ありません。ですから、中身には違和感がありましたけど、点字で本を読む喜びを最初に味わったのが、この教科書でした。書いてあるものが読めるっていうのは、初めてのことと言っても過言ではありません。やっぱり、自分で読めるというのはすばらしいことだなあと思いました。

たぶん、点字で勉強しなかったら、こんなに日本語は上達できなかったと思います。ま、アラビア語は母語だから別ですけど、アラビア語にしても英語にしても、最初から点字でやったわけではありませんが、日本語は最初から点字で勉強したのが功を奏したと思います。ぼくは点字の手触りが好きで、今でも点字の本を読みたいなという欲求があります。かさばるので、何かと不便なのが問題ですが。

――その時の理事長のご指導で、日本語はどのくらいできるようになりましたか。

＊海外技術者研修協会編『日本語の基礎』。現在広く使われている『みんなの日本語』（スリーエーネットワーク）の前身

教科書は五、六冊あったうちの四冊まで、終わったといえば終わったんですが、一つひとつしっかりやったわけでもありませんから、大したことはなかったと思います。それでも、スーダンでの勉強とあわせて、日常会話なら何とかできるようにはなっていました。

理事長が仕事の合間にやってくれる指導のほかに、週に一回、二時間か三時間、梅原《うめはら》先生という方がボランティアで教えに来てくれました。生徒は、ぼくのほかに、中国人のWさんと、ブラジルの日系人が二人、合計四人です。

Wさんはすでに三年間も日本語を勉強していて、マッサージの免許も持っていたそうです。日系人の二人は、日本に来た瞬間から、関西弁をしゃべってました。ぼくとは大きな差があったんです。どうしても、できる人たちが質問するでしょ。先生はその人たちに答えます。ぼくだけができない、分からないという屈辱的な環境でした。

その時、彼らがしきりに「どんな漢字を書くんですか」と聞くんです。みんな見えないんですよ。見えなくても漢字を知ってるわけです。特にWさんはよく漢字のことを質問していました。ぼくはその時、漢字の存在すら知りませんでした。日本語に、漢字のややこしい事情があることなんか、まったく知らないわけですよ。

みんな、ぼくに「よくここまで日本語を勉強したね」と言いますが、もしこの時、日本語がどこまで難しいか、全体像が分かっていたら、挫折していたかもしれません。知らぬが仏ってことかな。ほとんどできない状態で日本に来ましたから、一日に単語を五つぐらい覚えただけで、とても進んだ気分になるんですよ。

人間というのは、自分を表現できないのが一番つらいので、少しでも言葉が増えたら、それなりに限られた語彙でコミュニケーションがとれますし、上達が実感できるんですね。日本に来たばかりの時、寝坊して、「時差ボケか」と言われ、「時差ボケ」という言葉を知ったら、もう毎日のようにこれを使っていました。使えるとうれしいんですよ。新しい単語を覚えると、昨日より一歩、前に進んだと感じます。そういう意味で、毎日、進歩しているという実感がありました。それが励みになって挫折しなかったんです。

盲学校への進学

――そもそもこの留学は鍼灸を学ぶのが目的でしたね。協会での準備のあと、専門の学校に進学したのですか。

ええ、入学試験を受けて学校に入らなければならなかったんですが、最初に受験した、といいますか、受験させられたのは、栃木にある国立塩原視力障害センター（当時）でした。日本に来たのが一月十九日ですから、一か月ちょっと勉強して、いきなり二月の下旬に、もう受験する羽目になりました。受かるわけないじゃないですか。ひどい目に遭いましたよ。いきなり日本語能力試験一級の過去問が出てきて、といっても、それはあとで協会の人に教えてもらって分かったことで、この時はそれも分からず、本のような点字の分厚い冊子を「どうだ！」という感じに配られて、あまりにも分かりませんから、その場で泣いてしまいました。

——日本語能力試験といえば、当時は「文法・語彙・読解」と「聴解」に分かれていたかと思いますが、全部受けたんですか。

聴解問題があったかどうか、そんなことはもう覚えていません。膨大な点字、何が書いてあるんだか、何を質問されてるんだか、全然分からないのに直面して、あまりの分からなさに、途中から意識が朦朧としましたから。もちろん不合格です。それで、帰国するしかないということになりかけて、崖っぷちに立たされました。理事長は、全国の盲学校に受け入れの可能性はないかと、一生懸命にあたってくれました。「ああ、もうだめだ」と絶望のどん底にいた時、福井県立盲学校が受け入れを検討してくれると言うんです。で、三月三十一日に「明日受験に来てください」と言われて、その日、すぐに飛行機で福井に行って、四月一日に面接試験を受けました。

結果は条件付きの合格でした。受かったわけではありませんよ。とりあえず受け入れよう、まずは一年やろうということで、一年やって成績がよければそのまま進級、悪ければそこまで、という条件だと言い聞かされました。それから、盲学校の寮は土日は休みなので、その時にぼくをホームステイさせてくれるホストファミリーが必要でした。盲学校の職員の荒川清美《あらかわきよみ》さんが、自宅に受け入れてくれるということになって、ようやく入学できることになったようです。ほんとによかったですよ。ぎりぎりで命が助かった気分でした。

——盲学校でも、日本語の勉強は続けることができましたか。

ええ、とても手厚い配慮の下に勉強することができて、ありがたかったです。まず、ぼくを受け入れるのに尽力してくれた窪田《くぼた》清和《きよかず》先生がマン・ツー・マンで教えてくれました。遠くから「ムハー、おるかあ」って来るんです。それで、窪田先生も全盲だと分かりました。ぼくのこと、モハメドの初めを取って、「ムハ」と呼ぶんです。「ムハを受け入れると決めたのは自分だから、落ちたら俺のメンツつぶれるから、頼むからやってくれ」と言って、親身になって教えてくれました。

　卒業までにマッサージと鍼灸の国家試験に合格しなければならなかったのですが、スピードが遅いと試験の時間内に終わりません。点字を読むスピードを上げる練習が必要だということで、窪田先生がトレーニングをしてくれました。この時の訓練のおかげで、ずいぶん速く読めるようになりました。

　それから、普通の生徒が英語の授業をやってる時間、ぼくだけは、英語は大丈夫だから日本語を強化しようということになりました。英語の時間は、「国語」の荒木先生がぼくに「日本語」を教えてくれることになったんですが、たぶん先生も何をやっていいか分からなかったのだろうと思います。日本の普通の高校の「国語」の点字教科書を手に入れてくれたんです。それで、芥川龍之介《あくたがわりゅうのすけ》の「羅生門」とか、夏目漱石《なつめそうせき》のなんかとても勢いのある文体の作品とか、いろんな文学作品の一部を読んだ覚えがあります。良質の文章をたくさん読むことができました。これをきっかけに、点字図書館から録音図書を借りて、読むことも始めました。

――盲学校では鍼灸とマッサージを学んだんですね。難しい専門用語も多いんじゃないでしょうか。

はい。ぼくが入ったのは福井の盲学校の理療科で、鍼《はり》とかマッサージの勉強をするところでした。東洋医学の授業では覚えることが多いんですよ。たとえば経絡《けいらく》と経穴《けいけつ》について学ぶ授業では、ツボの場所の名前、まったく漢字とか分かりませんけれど、とりあえず場所と名前を覚えます。これは、文字を読んで覚えるというより、触りながら聞いて覚える、という感じです。触覚と聴覚に集中して覚えます。

身体の部位なんかは、とても精巧な模型が用意してあるんです。ツボの場所も、経絡という道筋も彫ってあったりして、触ってよく分かるようになっています。あと、本物の骨などもあります。それを触りながら、たとえば、「ここは前腕、これは上腕」とか、「ここは三角筋」と言って、その位置や大きさなど、その名前さえ覚えればいいんです。ぼくは記憶力には自信がありますから、これは苦になりませんでした。楽にいい成績をとることができました。まあ、そんなことで、ぼくはなんとか専門用語を覚えていきました。

人体の部位を覚えることについては、忘れらない経験があります。ぼくたちは一度、福井医科大学に行って、実際に人体の解剖をやったことがあるんです。三人のクラスメートは弱視で、全盲はぼく一人でした。先生はぼくに付きっきりで、ぼくの手を献体された方の体の中に入れて、触らせて、「これが大動脈ですよ」とか言うんです。心臓とか内臓、全部触って、皮下組織の厚さも触って、鍼を刺した時に、どこまでどう到達するか、感覚的に分かるようになりました。

ただ「東洋医学概論」や「東洋哲学」という授業などで、抽象的な話になってくると、触るわけにはいきませんから、もっと難しくて、分からなくなるわけですけど、日本人も同じように分からないんですよ。人間というのは、相対的に周りに近い状態だと、そこまで追い詰められなくて済むんですね。自分だけ分からないのと、ほかの人も同じように分からないのとでは、雲泥の差があります。みんなが分からないのを、ぼくも分からないというのは、大した苦にはなりません。

――授業のテキストも点字ですか。このころ漢字の勉強はしたのでしょうか。

盲学校では点字で勉強すればいいですから、特別に漢字の指導を受ける機会はありませんでした。漢字の勉強はしなくてもいいはずだったんですが、時々、専門用語の中で、たとえば「シン」というのは「辛い」なのか、「深い」なのか、分からないと理解が難しい時もあるんです。それで時々、本や試験の問題などで、大事なところにはカッコ書きで、「(この「シン」は「辛い」です)」とか、点字で書いてあるわけです。たとえば、「コウシン」といっても紛らわしいのがいろいろあるじゃないですか。「辛い」だと、香辛料の「香辛」だけど、ほかにも、新しくする「更新」、歩く「行進」、たくさんあるでしょう。見分けなきゃいけない時に、カッコの中に「何の意味のコウシン」とか書いてあるんです。

盲学校では、クラスメートはぼくをサポートするように言われていたようで、みんな親切でした。中でも、相部屋の北村さんは絵を描くのが上手で、とても優しい人でした。北村さんは弱視ですから、大きな文字なら読めました。下に本を置くと、字が上のテレビみたいなディスプレイに大きく映る拡大読書器を使って本を読んでいました。漢字もよくできました。

その北村さんが、ぼくが漢字が分からないといけないことに気づいたころから、どんな漢字を書くかを教えてくれるようになったんです。点字の本には原本のページも書いてあるから、ぼくが「生理学の何とかの何ページ」と言うと、原本を見てくれて、「これはこういう漢字ですよ」とか、「何々の意味の漢字を書きますよ」と教えてくれました。

――学校では「漢字の勉強」をすることはなかったにもかかわらず、専門の勉強は、一つの漢字の意味と音訓、その違いなどが分からないと困るというか、分かると便利だったんですね。

そうなんですよ。専門用語は漢字ばっかりですからね。たいていは音読みの専門用語の漢字を、訓読みを使ってこういう意味の漢字ですよと説明されるわけです。たとえば「咽乾《いんかん》」は、のどの粘膜の乾燥という症状ですけど、「「いんかん」の「いん」は、「のど」の意味の「咽頭《いんとう》」の「咽」、「かん」は「乾燥」の「乾」」という具合に。それで、漢字という概念は分かってきました。それでも時々、「なんとか偏にこう書く」と漢字の形で説明されたりすると、苦しくなってくるんですよ。漢字の形じゃなくて、訓読みと音読みを教えてくれたら、自分でがんばってデータベースを作るんです。「この漢字はあの四字熟語に使われます」とか言ってくれるとありがたいんです。形ではなく、意味と用法で整理したいんです。形は見えませんから。

——たしかに、漢字の音訓や意味を認識して正しく使えるようになることと、漢字の形を覚えることは別ですね。

そうなんです。それでも、そんなぼくに、漢字の形を教えてくれた人がいました。高瀬先生です。フルネームは高瀬キミコ。「公衆」の「公」で「公子」です。高瀬先生が、ぼくを新しい漢字の世界に導いてくれました。

日本語能力試験を目指して

——高瀬先生に教わることになったのは、どういう経緯だったのでしょうか。

盲学校に入って、東洋医学や解剖の日本語は窪田先生が特別に教えてくれましたし、荒木先生の日本語の授業もあったんですが、日常会話の日本語がどうも伸びないと感じていたんです。それにぼくは、日本語能力試験一級に合格したいという強い希望がありました。ぼくは、それまで大きな受験で失敗したことがなかったんですよ。試験の類は、たいていがんばって、いい成績をとってきました。勉強には自信があったんです。

それが、日本に来て、中国やブラジルから来た人と一緒に勉強して、明らかにぼくができない、彼らはできる。彼らは試験を受けてすぐに進学先も決まる。ぼくは決まらない。こんな悔しい状況、勉強での挫折は初めてだったんです。これは、もう、悔しかったですよ、ものすごく。自分がサボってできなかったわけではないという部分もあるんですが、それでも、激しい憤りがありました。できない自分というのは初めてで、絶対に見返してやる、という思いでいっぱいになりました。特に、できる人たちが、ぼくをできないと思って、舐めた感じで話してきたのが嫌でした。絶対に見返してやる、そのために、日本語能力試験一級に合格してやる、と思いました。

そのためには日本語を重点的に勉強する必要がありました。それで、窪田先生にお願いしたところ、ボランティアで日本語を教えている福井の国際交流団体に働きかけて先生を探してくれたんですが、やってやろうという先生がなかなか出てこなかったらしいんです。目の見えない人にどう教えればいいか分からなかったんでしょう。数か月決まらなかったんですが、秋になって、「私がやります」と高瀬先生が名乗り出てくれて、土曜日の授業が終わって昼ご飯を食べたあと、二時間勉強することになりました。最初の数回は盲学校の教室で授業をしたんですが、いろんな実物があるほうがやりやすいというので、途中で場所が高瀬先生のご自宅に変わりました。

まずは日本語能力試験二級を目標に、初級の復習から始めたんです。教科書の付属テープを貸してもらって、それを聞きながら初級の学習項目を確認して、あやふやなところはしっかり復習してもらいました。七か月ぐらいで初級の復習が終わって、新しい中級の教科書を使いはじめ、読み物を盲学校に頼んで点字にしてもらって勉強しました。あわせて試験対策の問題集などもやっていきました。

ぼくはその時、点字板をもっていっていました。点字を打つための小さな鉄板で、紙の上に当てて裏から一点ずつ点を押していくんです。ノートに取るところを決めたら、先生がゆっくり言ってくれて、それをぼくが打っていくんですが、時間がかかりました。だから、ノートに取るのはほんの限られたところだけで、あとは、先生との授業を録音したカセットテープを持たせてもらって、帰ってから聞き直して復習したりもしました。そのうち、点字タイプライターを盲学校から借りられるようになり、一台は高瀬先生のところに置かせてもらったので、ぼくは毎回もっていく必要がなくなりました。

土曜日のご自宅でしたから、息子さんやお医者さんの旦那さんもお休みで、時々、隣のリビングルームにいました。高瀬先生は、ぼくが説明をなかなか理解できなかったりすると、リビングでお茶を飲んでる旦那さんに「この言葉、どう説明すればいい？」と聞いたりするんですよ。そしたら旦那さんが、別の切り口から「こうこうですよ」と助け船を出してくれることもありました。そうすると、すとんと来るんですね。時には、高校生の息子さんも参加してくれました。「若者はどんなふうに使ってるの」なんて質問すると、こちらもまた、違う使い方の例を示してくれました。

目的はぼくが理解することですから、そのためには教える側のプライドとか関係なく、やり方にこだわらないというのは、すごくよかったですね。高瀬先生はボランティアで引き受けてくれたので、まったくお金を受けとろうとしないどころか、毎回、おいしいお茶とお菓子をいただきながらの授業でした。高瀬先生がケーキを焼いてくださることもあって、おいしい紅茶と一緒にいただいたり、季節の和菓子を緑茶といただいたり。二時間の授業のだいたい真ん中で、このティータイムがあります。そこでちょっとおしゃべりしたりして、気分転換をして、後半の授業に臨みます。楽しいうちに過ぎるので、いつも二時間が短く思えました。ぼくは本当にラッキーだったと思います。日ごろの行いがよかったからじゃないでしょうか(笑)。

で、一九九九年の十二月の初めに、日本語能力試験二級を受けました。点字試験会場は東京なんですよ。前日に福井から出てきて、協会の寮に一泊して、当日は朝から一日かけて受験して、その夜、夜行バスで福井に帰ってきます。大がかりでしたよ。でも、だからこそ必死で準備するんです。

――受験の手続きはどのようにしたんですか。

高瀬先生が一手に引き受けてくれました。どうやって受けるのか調べて、点字受験の申し込みをして、特別な受験票が届くんですが、それを高瀬先生が手伝ってくれました。

正直言って、受けたあとも、受かるかなあ、どうかなあという感じだったんですよ。試験に慣れるのに時間がかかった感じがして、うまくできたという実感に乏しかったんです。

十二月だから寒くて手が冷たくて、点字がうまく読めないんですよ。失敗したと思いました。だから次の年に一級を受けに行った時は、分厚い手袋をはめて、携帯用カイロをもっていって、手を温めて臨みました。結果的には、二級の受験は、次の一級のためのいい練習にもなりました。

——分厚い冊子をめくっていくことになるし、一・五倍では時間が足りないということはありませんか。

それはありますけど、あれ以上時間が長いと、体力も集中力ももちませんから、しょうがないですね。限界だと思います。目の見える人だったら、下線の引いてあるところ、と言われたら一目でぱっと見て探せるんですよね。でも、こっちは全部触って、たぐって、探さなきゃなんないわけですよ。それから、分からないのを抜かして後で考える、と言ってたら大変だから、とにかく順番に解いていかないと間に合いません。

結果は郵送で一月に届くんです。それまで、どきどきしていました。結果は点字ではありませんから、寮母さんに読んでもらわなければなりません。落ちるかもしれないと思っていましたから、ほかの人がいない時間にしてほしいとお願いして、誰もいない時に読んでもらいました。そしたら、合格で、寮母さんも「おめでとう」と言ってくれて、うれしかったです。生まれて初めて点字で受けた大きな試験だっただけに、喜びもひとしおでした。すぐに高瀬先生に電話で知らせて、高瀬先生もとても喜んでくれました。気持ちを表に出して表現する人なので、喜んでくれてるのがよく分かるんですよ。

——二級合格までは、漢字はあまりやっていなかったんですね。漢字の勉強が本格的に始まるのは、このあとでしょうか。

そうなんです。二級合格が分かってからまもなく、一月中だったと思いますが、高瀬先生が「漢字の勉強をしよう」と言い出しました。このころ、まだぼくたちは、点字受験でも漢字の問題は出ると思ってたんです。点字受験が始まったのは一九九五年ですから、ぼくが受験したのは早いころでした。高瀬先生も点字の試験は見たことがなくて。

実際には点字受験の場合、漢字の問題は出ないんです。出ると言われて二級を受けて、なかったんだけど、あったっけかなあと思って。二級を受けてきたあとで、高瀬先生に

「漢字の問題どうだった」と聞かれたけど、「あったかもしれないけど、全然分からないようなのはなかった」とか、「そんなに苦しい問題はなかった」とか、言ってましたね。二級の受験が終わった時、もう崩れ落ちそうなくらい疲れてて、細かいことは覚えていられなかったんですよ。だから、頭の中では、もしかしたら、そういう問題があったのに気づかなかったのかもしれない、点字の問題を一枚飛ばしてしまったかもしれないと、余計な心配もしていました。

試験の練習では、普通の問題を点訳してもらって使いましたから、漢字の問題も入っていたんです。たとえば、「大臣はなんとかをシサツしました」とあって、その「シサツ」の「サツ」にどの漢字を書くか、選択肢の中から選ぶというような問題でした。見る「察」のほかに、殺すの「殺」とか、印刷の「刷」とかが書いてあって、この中から選びます。練習しながら、こういう問題は嫌だなあとと思っていましたが、実際には出なかったんです。その問題は別の問題に振り替えられてたみたいです。

このあとの漢字の形を覚える授業は、試験に出るという勘違いがあったから必死になれたんですけど、勘違いだってことを知らなくてよかったんじゃないかと思います。出ないと分かってたら、あそこまで必死にやれなかったかもしれません。

ぼくは基本的に、見えない人には漢字の形の勉強は必要ないと思っています。たくさんの同音の漢字から適当なものを選ぶ力、違う読み方でも同じ漢字なんだということを推測する力は必要で、一つひとつの漢字の意味を知るのは必要だと分かってますけど。それは、当時も同じでした。

ところが、高瀬先生は、形を勉強したほうがいいと言うんです。コミュニケーションの潤滑油にもなると。「初対面の時、まず自己紹介するでしょう。相手の名前を聞いた時、「どんな漢字を書くんですか」と質問すると、相手との距離が近づく」というわけです。それから、たとえば「コの字になってください」とか、「大の字になって」とかさ、そういうのが会話でも出てきますね。「十字にする」とかね。そういう時にも、形を知っているといいということなんです。「だから、偏《へん》と旁《つくり》という考え方とか、よく使われるニンベンとかシンニョウとか、基本的なことが分かればいいですよ」と言いました。日本語能力試験一級の対策以外に、こういう漢字の知識の活用法を教えてもらえてよかったです。これはほんとに役に立ちました。それまでは、漢字は自分の勉強のためと思っていたんですが、高瀬先生は、それとはまったく違う角度から取り上げてくれたことになります。

ぼくはその漢字の形を書いて覚えながら、音読み・訓読みも一緒に学んでいきました。

前に、点字図書館から借りた録音図書を聴いて文学作品も楽しんだりしていたので、言葉はいろいろ知っていたんです。音読み・訓読みを学ぶ中で、それまで結びついていなかったいくつかの言葉が、同じ漢字で結ばれているのが分かってきます。漢字によって言葉のネットワークができていきます。それはすごいものだったと、今思い返しても思います。重い扉が開いたような気がします。

——高瀬先生は、漢字の形をどうやって教えてくれたんですか。

油粘土と、子ども用のカタカナの本を使おう、と先生が用意してくれました。カタカナの本は、文字の部分がへこんだ溝になっていて、指で触れるようになっているものです。*先生はぼくに、ひらがなはいらないけど、カタカナは漢字の一部になるからといって、カタカナと漢字を関連づけて教えてくれました。カタカナの本は宿題として貸してくれて、うちで何度もなぞって覚えました。

油粘土は、お菓子の缶に麺棒と割り箸と一緒に入れてあって、「はい、漢字の時間」と言うと、その缶を取り出します。その蓋のほうに油粘土を伸ばして、麺棒で平らにして、先が丸いお箸を使って、彫るように書いていくという方法で、先生が書いてくれたのをぼくが触って覚えたり、ぼくが覚えてきたのをそこに書いたりしました。油粘土は滑りがいいから、それほど力を入れなくても書くことができました。書いたらまた麺棒で平らにする。こうやって同じ粘土を何度も何度も使いました。

カタカナを覚えていくと、漢字の部分がカタカナと同じというのがたくさんあるから、便利に使えました。たとえば「イ」はニンベンになるし、「ウ」はウかんむり、「エ」を書いた時、上に突き出すと、「これはだめ。カタカナの「エ」は突き出さない。突き出したら「土」になる」と言って、ついでに「土」も教えてくれるわけです。

よかったのは、たとえば「大」という字を書いたあとに、その音読みと訓読みを使った例文をいくつか挙げてくれたことです。そうすると、「大」は「ダイ」とも「オオ」とも読むのが分かる。ongoing processというか、漢字の形と意味を、同時に覚えていくわけです。

＊長野秀章監修『ドクタースランプなぞりがきえほん　みぞをなぞっておぼえるカタカナ　4・5・6歳』（集英社）

「大」の字は大好きです。習ってすぐに、好きになりました。くつろいでいます。当時は第二・第四土曜日が休みで、第一・第三は昼まで授業があって、そのあとが高瀬先生の授業だったので、ぼくはたいてい疲れていました。「大」を触って覚えた時、「くつろいでるなあ。こんなにくつろいでいいのかなあ」と思いましたね。ぼくも、学校から寮に帰ると、あの形で寝ていましたから、「ああ、ぼくだ。しっくりくるなあ」と思いました。

日本語能力試験のためとかいうことを忘れるくらい、高瀬先生との漢字の勉強は楽しかったです。たとえば、死亡の「亡」、亡くなるという字を勉強して、これに心を意味するリッシンベンを付けると「忙」。心が亡くなると書いて「忙しい」、「多忙」の「忙」ですね。先生は次に、「亡」の下に「目」を書くと、「盲人」の「盲」だと言いました。目が亡《な》いのが「盲」だと。ぼくはこれを聞いて「目はありますよ、ないのは視力です」と言いました。先生は「ほんとね、この字を作った中国人に文句を言わないとね」と言って笑ってくれるんです。先生が笑ってくれるから、ぼくもどんどんいろんなことを言います。そして、こんなふうにしゃべってる録音テープを貸してもらって、何度も聞きなおして、授業で習った漢字を復習しますから、記憶にしっかり残ります。先生とぼくとが漢字をめぐって、漫才の掛け合いみたいな楽しい会話をしています。楽しく漢字の形を覚えることができました。こうして、たくさん話すうちに、日本語の会話力も伸びたと思います。

漢字の形を知ったら、授業にも便利でした。見える人がどう認識しているかが少し分かってきました。前はどうして「なんとか偏」なんていう言い方で漢字の説明をするのか分からなかったんですが、訓読みできない漢字もあることが分かりました。珍しい漢字もあります。そういう場合は、形で説明するしかないんですね。サンズイになんとかの字、何とかという字にシンニョウの付いたの、とか言うほかないんだということも分かりました。形を学ぶ中で理解が深まったわけです。

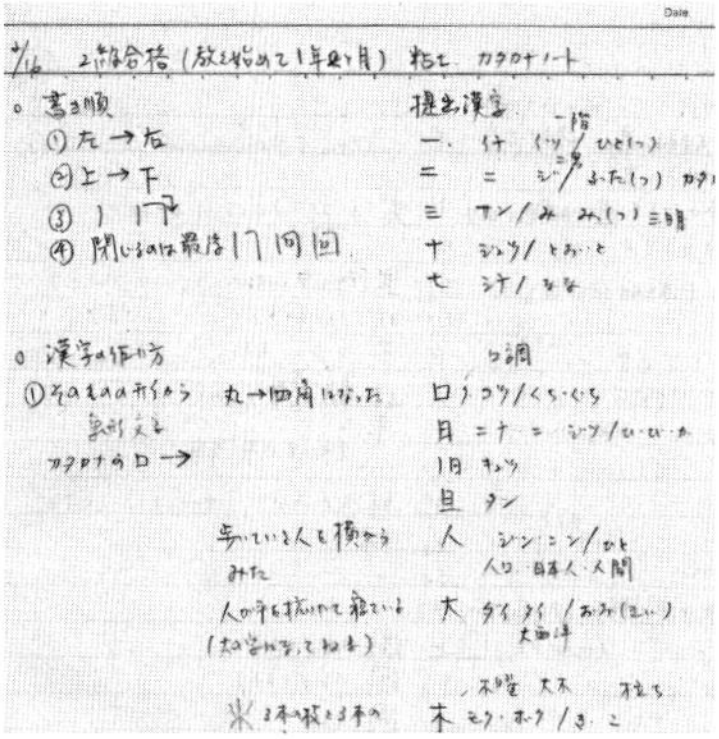
漢字学習の過程が記録された高瀬先生のノート

部首のナベブタを勉強した時、先生は、台所からほんとに鍋の蓋をもってきて触らせてくれました。「これを横から見たらどうなる？　その形が部首の「ナベブタ」です」って。ナベブタはほんとに鍋の蓋みたいな形ですね。圧力鍋の蓋みたいに、大きな蓋の上にチョコンとつまみが付いています。

それでも、粘土で形を覚えたのは漢字の全部じゃなくて、必要な部分だけです。特に部首は、形を作って触って覚えました。ニンベン、サンズイ、シンニョウ、門構えとか。部首についてはそうやって形を覚えましたけど、あとの多くは形ではなく、自分でイメージを作って覚えました。漢字の形を勉強して、それまで知らなかった領域を知ったことは、自信につながりました。

――それで、二〇〇〇年の十二月、日本語能力試験一級を受験し、見事合格したんですね。

おかげさまで、一級は二級より手ごたえがありました。何がどうだったと言われると、覚えているわけじゃないんです。朝からやって、お昼をはさんでもう四時か五時まで、一日がかりですからね。読みながら、点字タイプライターでがちゃがちゃ打って、ちゃんと打ててるか読み直したりして、やってくんです。普段の何十倍も集中しますから、終わった後、もう崩れ落ちそうになるんですよ。それで、あとから、何が出たかと言われても、もう分からないんです。でも、できた、という感触が残りました。

成績は、一級のほうがよかったです。聴解は一〇〇点満点でした。さすがに小さいころから口頭で勉強してきた経験が生かされたのかな。聴解は得意分野なんだと思います。文法が一〇〇点満点中の八六点かな、読解が、二〇〇点満点中の一六九点で一番悪かったですね。

ほんとはもっと点数が取れてもいいんですが、読解は、試験のために効率的に読むというのが、どうも苦手なんです。問題の長文を最初から最後まで、全部読みたいと思ってしまうんですよ。受験では、問題を先に読んで、その答えを探しにいかないと、効率的じゃないんですよね。そう教わっているんですが、問題を読む前に、先に長文を読みたくなるんです。

――その会場にはアブディンさん以外にも点字で受験する人はいましたか。

いましたね。お昼ごはんの時に会いましたよ。でも、受験室は一部屋に一人です。点字タイプを打つ時に音がしますから、同じ部屋でほかの人の音がしたら、うるさいだろうと思います。聴解は特に、音声を聞きながら答えます。近くで他人にがちゃがちゃやられると、聞こえないじゃないですか。

――結果はやっぱり寮母さんに読んでもらったんですね。

そうそう、やっぱりほかの人がいない時に読んでもらってね。聴解一〇〇点はやっぱりうれしかったですね。ずっと目指してきた日本語能力試験一級に合格できて、すっきりしました。悔しい経験って、いい燃料になりますね。悔しさって、大事なんですよ。

まあ、結果として、一級の試験にも、点字の試験では漢字の問題は出ませんでした。でも、必死になって勉強したために、漢字はある程度、形についてもイメージを作ることができました。ただ、ひらがな・カタカナの形には意味がないし、使うこともありません。勉強したはずのカタカナも、漢字と結び付けて覚えたいくつかは覚えていますけど、それ以外は忘れました。使うことがありませんからね。ひらがなの形もどこかで教えてもらったことがあるけど、すぐに忘れました。それで、特に困ったこともありません。点字がありますから、それで十分です。

ぼくの日本語の勉強には、いろいろなプロセスがあり、いろんな人に出会って、いろんな人のお世話になりました。それぞれのみなさんに感謝していますけど、自分の中で最も大きな影響があった人、というと、高瀬先生です。工夫をしながら、見えないぼくに漢字の形を教えるのに成功しました。それはすごいと思います。一つの方法がだめなら、別の方法を試す。決して諦めないんです。楽しそうにハハハと笑いながら、高い壁を軽々と越えるんですよ。重苦しい雰囲気がまったくなくて、にこにこ笑いながら、とても楽しくやってくれるんです。日本語を楽しく学びながら力をつけることができたのは、ほんとにありがたいことでした。

漢字の活用法

——漢字の形を習った目的の一つはコミュニケーションのためでした。その成果は、どうでしたか。

それは、おおいにありました。話す時、漢字でどう書くかとか、よく言うでしょう。みんなが知ってて、ぼくは知らないというのは嫌ですからね。それほど使わないとしても、みんなが知ってることを共有できてよかったです。漢字の知識をコミュニケーションで使うと「おう！」とびっくりされます。そういうのは、勉強のモチベーションを上げるのによかったです。ぼくは、人をびっくりさせたりするのが好きなんですよ。

たとえば、タンゲさんという人がいます。牡丹《ぼたん》の「丹」に「下」を書く「丹下」さんと、「家」を書く「丹家」さんがいるんです。タンゲさんはそんなに大勢いるわけじゃありませんけれど、最初会った人に教えてもらって、その次に会った別の人に、「タンゲさんのタンは、牡丹の丹でしょう。ゲはシタを書くんですか、イエを書くんですか」と言ったりして、びっくりさせました（笑）。

人の名前の漢字から、その人の出身地を当てるのもおもしろいですよ。たとえば「しろ」にお城の「城」という漢字をあてるのは沖縄県に多いですね。ま、いろいろ、そういうのがあります。自己紹介で名前を聞いたら、漢字を当ててみたりもします。「ミホさんのミは美しい、ホは稲穂のホですか」とかね。当たるか当たらないかは分かりませんが、打ち解けるために、会話の最初にいいですよ。間違ってたとしても、「そう書く人は多いですけど、私の名前は違うんです」とか、話が弾みます。これは、高瀬先生が言ってくれたとおりです。

――漢字を学んでよかったと思うことは、ほかにもありますか。

漢字にはいろいろな音があるのが分かって、それが応用できるようになったのはよかったです。点字を読んで、ああ、これはああいう漢字なんだろうなあと想像できるようになった時、同じ点字を読んでいても、自分の中で違う景色が見えてきました。この場合の漢字は、形じゃないんですよ。「リュウ」なら「リュウ」に、いろんな、別の意味の漢字があるということなんです。「タツ（竜）」とか「ながれる（流）」とか「とどまる（留）」とか、「かたまり（瘤）」もあるじゃないですか。いろんな漢字がある中で、あれだなと分かった時に、すごい、いいなあって。自分でこれだろうと当てる時が、いいですね。

たとえば「カン」だったら、「感情」のカン、「韓流」のカン、「関門」のカンとか、いろいろあるわけですが、そういうのを入れてデータベースを作るんですよ、自分の頭の中に。だから音を聞いた時に、あれかなって想像して、間違ってたとしても問題ないわけです。

それから、ぼくは今、テキストを読む時にコンピュータの読み上げソフトを使うんですが、読み上げソフトは時々読み方を間違えるんです。官房長官（当時）の菅《すが》さんを「カン」さんと言ったり、茂木敏充《もてぎとしみつ》さんを「モギ」さんとかね。人の名前とか固有名詞は特に、間違います。そうなると、漢字を想像できたほうがいいんですね。音は全然違っても同じ漢字だっていうことが分かるから。ぼくは「カン」と「スガ」の漢字の形は分からないけど、その同じ漢字を「カン」とも「スガ」とも読むことを知ってるわけです。巨人の菅野《すがの》投手も、最初、読み上げソフトの音声で「カンノ」って聞いてたんですよ。本当は「スガノ」だって知ってびっくりしましたね。こんなふうに発音がまるで違っていても、同じ漢字なんだなと思えると、なんとかなるんです。漢字が分からないと、どうにもなりません。

日本の目の見えない人はみんな、けっこう漢字が分かりますよ。ぼくのように意味合いで分かっている人もたくさんいると思います。見える人は、パッと見て、漢字をつまんで見るだけで、この文章は何が言いたいか、だいたい分かるでしょう。でも、それが見えないから、ああかな、こうかなと、前後の文脈から最大限に推測していく、そのスキルがすごく高くなると思うんですね。たぶん、見えないからこそ文章全体をまんべんなく味わうことができるのではないかと思うんです。漢字を推測しなければいけませんから、その前後の、漢字でないところをよく読み込む必要があるわけです。だから、目の見えないぼくたちは、一般の人より、文章をもっと正確に味わって読んでいるんじゃないかと、ぼくは思います。たぶん、そこは目の見えない人の特殊な言語の領域だと思います。

先日、妻がおもしろいことを言いました。妻は日本語に苦労をしていて、何かを読もうとした時に漢字が読めなかったんです。で、ぼくが「いつになったら日本語ができるようになるんだろうね」と嫌味を言ったら、「あんたね、あんたも目が見えてたら、絶対日本語できなかったからね」って。要は、妻にとっては漢字が大きな障壁で、もう、見ただけでびびってしまっているんです。見える人はそうなんですね。なるほど、と思いました。「それはすみませんでした」って。

——それは思いがけない話でした。目の見える人より見えない人のほうが、漢字の壁を越えやすかったってことですね。

そうです。ただ大事なのは、やっぱり漢字の形じゃなくて、意味のほうです。ぼくは、漢字の形を少し勉強してよかったと思いますけど、全部の漢字の形が分かっているわけじゃありません。ま、見える人は、漢字の形を学んで覚えれば書物が読めるし、街の看板も読めますが、ぼくらは見えませんから、漢字の形を覚えたからといって、使えません。

よく使われる部首とかは、覚えたほうがいいと思いますし、たしかにコミュニケーションの役には立ちます。でも、それよりも読み書きに使うほうが質も量も多いわけですから、何に使う、どういう意味の漢字、というほうが大事だし、実用的です。

あまり生活で使われない漢字を説明する時には、「何とかのニンベンのないやつ」とか言うしかありません。そういう時は、形を知ってたほうがいいですが、そのために膨大な時間を使う値打ちがあるかどうかというと、普通はないでしょう。もし、ぼくが日本語や日本文学の専門家になろうというのなら、やらなければならなかったと思います。ぼくは日本文学の専門家になりたいと思った時期もありましたが、それもあって、やっぱりハードルが高いと思いました。現代文学を専攻するにしても、江戸時代の文学ぐらいは読めないとだめでしょう。どの文学も、その前の時代の文学の系譜を知らないといけませんからね。それで日本文学の専門家になることを断念したというのは、あったかもしれません。

——目の見えない日本語学習者が漢字を勉強するのに、どんなサポートがあるといいでしょうか。

見えない人に漢字の形を無理に教えるのは、ちょっと考えてもらいたいと思います。見える人は漢字を見て、実際に見える木に漢字の「木」の形を重ねて覚えるでしょう。「木」は象形文字ですよね。文字の形が実際のものに似ている、ということです。でも、生まれつき見えない人は、実際の木の形についてもイメージがないわけです。もちろん触れることができる模型があったら形は分かるんですが、それでも本物とは違いますね。だから、生まれつきの全盲の人に、自分にまったく縁のない、見える人にとってのイメージを押し付ける、それに縛り付けようとするというのは、あまり望ましくないと思うんです。それぞれの頭の中で、百人いたら百通りのイメージを描けばいいんじゃないでしょうか。自分で苦しんで作ったイメージをベースにしたほうが、理解が深まるんじゃないかと思います。もっとも、途中失明の人はもともと漢字の形が分かっていますから、見えなくなっても頭の中に形があって、それを使うことができますけど、生まれつき全盲の人には、最初からものの形がないんです。

日本に生まれて日本語を母語とする全盲の子どもたちにとってはどうなのか、くわしいことは分かりませんが、いろんな人が、あの手この手でやろうとしていますよ。点字で書かれた漢字の教材というものもあります。漢字を浮き出させて、触れるようになってるんです。その下に、点字による漢字の説明があって、「これ（大）はダイと読みます」と説明されているような、子ども向けのものがあって、ちょっと使ってみたことがあります。でも、やりかけてすぐに諦めました。文脈がなく、ただ形を覚えるだけの本だったので、続きませんでした。

それから、じつは点字にも「漢点字」と呼ばれる漢字があるんです。普通の点字は点が六つで一つの文字ですが、漢点字というのは一つの文字が八点でできています。八点でも一つだと六十三通り*ですが、二つ使えば四千以上、普通に使われるすべての漢字が表せると聞きました。東洋医学には漢字がたくさん出てくるから、この漢点字をやったほうがいいと勧める人もいました。これも、目で漢字を見ている人とはまったく違った形で、漢字を認識するわけです。でも、問題はこれがそれほど普及していないことです。読みたいものが、これを使って書かれているわけではなかったので、苦労して覚えたとしても、それほど使えないわけです。それで結局、ぼくは漢点字は覚えませんでした。

――アブディンさんのように漢字を意味で識別するなら、どんな教材があるといいでしょうね。

点字の教材で、たとえば「カン」という字に、ほかにどんな訓読みがあるか並べて、例文があるような、そんな教材はあったほうがいいですね。漢字の形というよりは音で教えたほうがいいと思います。「コウ」にはどんな漢字があるか、その漢字のほかの読み方、訓読みはどうか、それを学習する本があったら便利かもしれません。音読みが同じでも訓読みが全然違うということがすぐ分かります。それで、使い方が示されているのがいいですね。

触れる形があるなら、触ったほうが、同じ音で全然形が違う書き方があるということは体感できるかもしれません。でも、そこまで重要ではないと思います。だって、訓読みが全然違うじゃないですか。音読みが同じでも訓読みが違うということで、同じ音だからといって惑わされてはだめですよ、ということが分かると思います。

イメージはそれぞれ、自分で作ればいいんです。ぼくは、どういうイメージを作ってい

＊漢点字のプラス二点は、漢字とかなを区別するためのもので、漢字本体を表すのは六点。点を打つか打たないかの二通りなので、二の六乗＝六十四通りだが、点が一つもないものは除外されるため、六点で表せるのは六十三通りになる。

るかと言いますと、これは説明しにくいんです。点字の点の形のでこぼこから絵を描いてる、と言いますか、なんとも言葉にできない感じなんですよね。ただ、見えるみなさんが見ているように漢字の形を思い浮かべているわけではありません。

ぼくは、たまたま日本人の先生や友だちや、ホームステイ先の家族などに囲まれていて、聞けば教えてもらえる環境にいましたから、たくさん聞いて教えてもらって、そのストックを作ることができたんですが、このような環境が周囲にない人もいるのではないかと思います。

もし、ぼくが普通の日本語学校に行っていたらどうだったかと、時々考えることがありますが、ぼくには向いてなかったんじゃないかと思うんです。日本語学校は、日本人とのコミュニケーションが密ではないんですよね。学校のクラスメートは全員外国人だし、あとはアルバイトに行くぐらいですね。ぼくの場合、まず盲学校の寮はぼく以外、全員日本人でしたし、しかも全員目が見えませんから、言語の理解のプロセスは近いわけです。これは、恵まれていたと思います。

土日には、寮を離れてホームステイに行っていました。最初は、荒川さん一家。荒川さんのところは、盲学校の職員の奥さんと、高校教員の旦那さん、それから高校生と中学生の息子さん。奥さんは盲学校で鍼の授業の準備をしたりする職員でした。二年目からは、荒川さんの息子さんが受験ということもあって、隔週になりました。それ以外の週末は、盲学校の窪田先生の家にお邪魔したこともあったんですけど、そのうち七十代の川岸《かわぎし》さんというご夫婦のお宅にお世話になることになりました。こうして日本人の家庭に入る機会が定期的にあって、そこには、目が見えて、よく説明してくれる家族のような人たちがいました。そういうすばらしい環境だったから学べたのだと思っています。ホストファミリーの荒川さん一家は、ほんとに家族のような存在です。

視覚障害者には、日本の視覚障害者との交流も大事です。どうやって点字を覚えるか、どんなふうに使うのか、彼らから聞くのが分かりやすいんです。それと、目の見える日本人との交流ですね。コミュニケーションができる環境づくりが大事です。視覚障害者のことを考えてくれるなら、漢字を減らそうとかなくそうなどと考えるより、その環境を作ることのほうがずっと大事です。

――盲学校を卒業する時には、マッサージと鍼灸の資格も取得したんですか。

さきほど日本語能力試験一級の話をしましたけど、その直後、二月だったかに筑波技術短期大学の入学試験があって、二月の末にマッサージと鍼灸の国家試験*がありました。大変だったのは、国家試験の勉強をしながら、日本語能力試験の勉強もしなければならなかったところなんですよ。国家試験も大事で、失敗するわけにはいきませんでしたから、なかなか危険な挑戦でした。

鍼灸と、マッサージの国家試験も点字で受けます。実技は学校でやっていますから、学校を卒業することが条件で、国家試験は筆記だけです。二日連続で、一日目はマッサージ、二日目は鍼灸と、それぞれの試験を受けるんです。どちらも一日がかりの試験です。二つの試験では、学科の内容の重なる部分もありますが、共通部分も鍼灸のほうがちょっと難しいし、最後の鍼灸の専門の問題はかなり難しいです。いや、大変でしたが、幸い同期もみな合格しました。

――それほどの努力の結果の、国家試験合格、たしかな腕は財産ですね。

まあ、そうですね。苦労して身につけたぼくの財産です。おかげで、ちょっと気持ちの面で強くなれました。もし、いつか仕事がなくなってしまってもBプランがありますから。マッサージとか鍼は痛みが治ったり楽になったり、たしかに効きますから、世界中で通用しますし、人に雇ってもらわなくてもできる、というのもいいですね。

——日本に来た甲斐があったということでしょうか。

ええ、そうです。スーダンにいると、なんでしょうね、親もいるし、家もあるし、仕事をしなくても守られる感じはありますが、一人で日本へ来たんですから、ここでは、自分でがんばらないと誰も守ってくれません。そういう経験を十九歳からできたのは、ほんとによかったと思っています。努力次第で未来が拓ける。日本語能力試験合格も鍼灸の資格も、がんばって努力して手に入れることができました。がんばったら報われる、という実感がもてるのはいいものです。これは日本のいいところですね。

＊正式名称は「あん摩マッサージ指圧師国家試験」と「はり師国家試験・きゅう師国家試験」

それに、盲学校で勉強したおかげで、視覚障害者のために日本の社会にどんな支援や技術が用意されているのか、よく分かりました。知らないと、要求することもできません。何があったら、自分にはどんなことができるのかを知ることができたのは、その後の勉強や生活に大変役に立ちました。この時期に点字で、自分でばんばん本が読めるようになって、録音図書で文学作品をたくさん読むことができたというのも、財産になりました。

Column

モハメド君の思い出①　高瀬公子さん

目が見えない人に日本語を教えるという未知の体験にワクワクしながら、福井県立盲学校に行ったのは一九九八年十月のことです。モハメド君は、ほっそりしていて、まだ少年のおもかげを残していました。日本語はすでに聞くことも話すことも日常生活には困らないレベルで、話す速度はかなり速かったです。点字の読み書きもできました。

モハメド君の希望は、日本語能力試験二級を目指して初級の復習からやりたいということでした。相談して、一週間に一回、土曜のお昼ごはんのあと、二時間勉強することになりました。

盲学校の先生は、教室を使っていいし、点訳したいものがあったらボランティアに依頼する、と言ってくれましたから、最初は教室を使いました。まず、SFJ（筑波ランゲージグループ著『Situational Functional Japanese』凡人社）のテープを使って初級の学習項目を確認し、理解が不十分な箇所は初中級用の別の教科書で補うことにしました。そのうち、周囲にいろいろなものや問題集、テープなどがあったほうが教えやすいと思ったので、場所を私の自宅に切り替えました。自宅では食卓のテーブルで、同じ教材を読むので、向かい合うのではなく、テーブルの角をはさんで九十度の角度で並んで指導をしていたんですけど、はじめのころ、ちょっと肘や指が触れるとぱっと離して「すみません」と言う様子が、初々しかったのを思い出します。

一九九九年五月には、『中級の日本語』（三浦昭・マグロイン花岡直美著、ジャパンタイムズ）を使いはじめました。読み物の中から適当なものを選んで渡し、点訳してもらって使いました。渡してから点字ができあがるまで数週間かかったかと思います。また、モハメド君の目標が日本語能力試験二級合格ですから、それを視野に入れて、UNICOMの『実力アップ！日本語能力試験二級』を併用しました。

点字で受験する日本語能力試験の内容について、主催団体（日本国際教育協会）に電話で尋ねてみましたが、一般の試験とだいたい同じということほか、情報を得ることができませんでした。

それで、一般試験に基づいて準備しました。モハメド君は無事に合格し、とっても喜んでいました。それまでの模擬テストの感触で、私は二級は大丈夫だろうと思っていました。

モハメド君の次の目標は一級合格でした。当時の日本語能力試験は四〇〇点満点中、二級の合格基準は六割の二四〇点、一級の合格基準は七割の二八〇点だったと記憶しています。二級は、漢字を捨ててもほかでカバーできそうでしたが、一級は漢字をやらないと難しいと思いました。

当時、私は、漢字といえば、形を教えるものと思い込んでいました。モハメド君のあと、盲学校からの依頼で乳児のころに失明した留学生に教えた時、頭の中に形を思い描くことが難しいらしいことが分かって、漢字から形を除いて、同じ漢字を使う熟語をまとめて教えるという方法に行きつきました。今思うと、モハメド君は十二歳まで見えたから、頭の中に漢字の形が思い描けたのだと思います。

「モハメド君漢字」と表紙に書いた記録ノートが残っているんですが、それを見ると、最初の漢字の授業は二〇〇〇年二月十六日です。それから毎週、漢字学習を取り入れました。六月二十五日まで記録があります。漢字の数は合計三百七十四字です。このあとも漢字指導をしたはずですが、この先の記録は残っていません。

文法や読解のほうは、二〇〇〇年一月に『中級の日本語』が終わって、『テーマ別　中級から学ぶ日本語』（研究社）を使いはじめました。優れている聴解力をさらに磨くためにワークブックの聴解を宿題にしました。モハメド君は早い時期から、「僕に聞けるレベルのテープを貸してほしい」と言ったので、日本語のスピーチコンテストで優勝した人のスピーチのテープなど、手持ちのものから選んで貸していました。このころはほかにも宿題を出していたので、聴解の宿題は負担かなと思ったのですが、喜んでやってくれました。

歌を聞くのも好きで、「百恵ちゃんはいいねえ」と言ったり、谷村新司の歌や美空ひばりの「愛燦燦《あいさんさん》」とか「川の流れのように」を口ずさんだりしていました。頼まれて、「昴《すばる》」の歌詞を点字にするのを手伝ったことを覚えています。

このほか、学習の早い段階から、福井の点字図書館のテープライブラリーの活用を勧めました。最初に薦めたのは、三浦綾子の『氷点』。表現が難しすぎず、ストーリー展開がおもしろくて理解しやすい本をと思いました。モハメド君から「古い本じゃなくて、今、話題の本、ないですか」とリクエストがあり、当時私が読んでいた本のうち、天童荒太の『永遠の仔』など、朗読テープになっていたのを勧めたりもしました。モハメド君は、こうした文学作品をほぼ理解して、楽しんでいたようです。

いつも二時間の授業の真ん中あたりで、気分転換を兼ねて、お茶とお菓子を用意しました。二人ともほぼしゃべりっぱなしで、とてものどが渇きました。それで、同じことならその時間に、日本の文化を体験してもらおうと思って、羊羹や季節の和菓子を出したり、焼いたケーキを出したりしました。短い時間ですけど、その中で、モハメド君はいろいろなことを話してくれました。いつだったか、「私が死んでもモハメド君の中に、私が教えた言葉が残るかな」というようなことを言ったら、モハメド君が「先生、日本の女性の平均寿命は八十を超えているでしょう。スーダンの男性の平均寿命は四十か五十だから、ぼくのほうが早く死ぬよ」と言ったのは衝撃的でした。そんな時に、戦争で死んだ友だちの話をしたりしてくれました。モハメド君の国は今まさに戦争中なんだと思いました。

気分を変えて後半は、読解や文法の授業に集中しました。『実力アップ！日本語能力試験二級』を終えて七月からは、同シリーズの一級に入りました。九月には『テーマ別 上級で学ぶ日本語』を始め、読解力をつけるために、ワークブックの読解練習を点訳してもらって宿題にしました。そのあとは、日本語能力試験一級用の問題集や過去問を使って練習しました。そうして、二〇〇〇年に一級を東京で受験。いい成績で合格しました。そのあとも卒業するまで授業を続けて、二〇〇一年三月に『テーマ別上級で学ぶ日本語』『実力アップ！日本語能力試験一級』を終えました。

「可能形＋ものなら…」という文型を教えた

後で、「先生、日本語で夢、見たよ」と言うので、「どんな夢？」と聞くと、「スーダンの家に銃をもった人が入ってきて、僕に銃口を向けるから、『撃てるものなら撃ってみろ』と言ったんです」と話してくれたことがあります。習った言葉が体験に結びついて膨らんでいく感じでした。

でも、授業から脱線して話し込むようなことはありません。二時間という限られた時間の中で効率的に勉強できるように、私はどちらかというと「厳しい先生」だったと思います。一回一回が真剣勝負だと考えていました。

日本語能力試験は四択問題ですから、まぐれ当たりもあります。分かっていて正解だったのか、まぐれ当たりで正解だったのかは本人しか分かりません。「まぐれ当たりの時は言ってね」は私の口癖でした。間違えた時は、どう考えたら、正解に行きつくのかを説明するよう心がけました。

ある時、モハメド君は、自分の聴解力を試すためか、講演会に行ってみたいと言いました。ちょうど、河合隼雄の講演会があったので声をかけてみたら、「行く行く」と言うので一緒に行きました。大きな会場で、大勢が聞きにきていました。隣で聞いていると、みんなが笑った時はモハメド君も笑っていました。あとで「歴史的な話になった時以外、八割ぐらい分かった」と言っていました。ほかにもモハメド君の希望で、一緒にお花見に行ったこともあります。桜の花に触ったり、香りをかいだりして、足羽《あすわ》川沿いの桜並木に吹く風を楽しんでいました。

モハメド君と出かける時は、私の右腕上腕をモハメド君がつかみ、一緒に歩くんです。ある日、建物沿いを一緒に歩いていてT字路に来た時、モハメド君に「先生、右に曲がりますか、

初々しさの残るアブディンさんと高瀬先生

左に曲がりますか」と聞かれました。「どうして角だと分かったの？」と聞いたら、風で分かると答えました。モハメド君は、聴力だけでなく、ほかの感覚も鋭いのだなと感じました。見える人は情報源をほぼ視覚に頼り、ほかの感覚を眠らせているのかもしれません。

モハメド君が、私の教え方がよかったと言ってくれるのは、モハメド君のやる気と打てば響くような反応のおもしろさが、私の中の「教える力」を引き出した結果だと思います。私の人生において、とてもいい出会いの一つだったと思っています。

二〇二〇年八月八日（聞き手　河路由佳）

第二章 声から学ぶ

耳で聴く読書

——福井で盲学校に通っていたころ、音声で文学作品に親しんだという話、もう少しくわしく聞かせてくれませんか。

ぼくは子どものころ、本を読んだり、文字で表現したりすることができませんでした。祖父母が早く亡くなったので、小さいころにおじいさんやおばあさんから昔話を聞かせてもらったりした経験もないんです。

本を読み上げてくれる人がいたら学校の勉強が優先になりますし、スーダンには日本のような公共図書館もなく、学校に図書室もありませんから、教科書以外の本はほとんど読みませんでした。十九歳までに、教科書以外の本は五冊も読んでいませんよ。だから、非常につらい。つらいと言いますか、なんとも言えない不自由を感じていました。砂漠にいるみたいな感じです。でも、この読みたいのに読めない時期があったからこそ、文字への、文字というより文字で書かれた中身なんですけど、読むということへの強い憧れがずっとあったわけです。日本へ来て本に夢中になったのも、そんな背景があったからだと思います。

福井の盲学校のオリエンテーションで、点字図書館の紹介がありました。「点字で書かれた本や録音された本を借りられますよ」と説明を受けて、すぐに福井から東京の日本点字図書館に電話しました。電話すると無料で送ってくれて、返す時は送料無料で、ポストに入れればいいので便利でした。当時の録音図書はカセットテープで、朗読ボランティアの方が読んだ、肉声の朗読テープです。それをテープレコーダーで聴いたわけです。福井にも点字図書館があって、こちらも活用しました。

土日は荒川さんのお宅にホームステイに行っていましたが、二階に用意してもらったぼくの部屋で、いつも小説を読んでいました。日本語がまだそんなに上達していない、早い時期から、いっぱい録音の本を読んだんです。ぼくにとっては録音を聴くのが読書の方法でしたから、そうやって読むわけです。

週末ごとに、だいたい一冊の小説を読む。読んだら送り返して、新しいのを送ってもらって、また次の土日に読む。文学作品ばかり読んでいました。最初は、「国語」の教科書に出ているような作品から入ったわけですが、周りの人に「何を読んだらいいですか」

と聞くと、みんなもよく分からないらしく、まずは近代文学の名作を、ということで、夏目漱石とか芥川龍之介とか森鷗外《もりおうがい》とか、言ってくるわけですね。だから、そういう名作から、読んでいきました。夏目漱石は夢中になって読みました。高瀬先生は、三浦綾子《みうらあやこ》や遠藤周作《えんどうしゅうさく》を薦めてくれました。どちらもクリスチャンの作家ですね。それも夢中で読みました。

——全部、日本語で読みとおしたのはすごいですね。日本語能力試験の一級を取っても、文学を読むのは難しいとよく聞くんですが。

おそらく、目の見える人にとっては、日本語で文学を読もうと思ったら、まず漢字が大変な障壁になるんじゃないでしょうか。漢字がたくさんあるのを見ると、それだけで怖気づいてしまって、その漢字と闘いながら読むことになります。闘いながらではつらいですよね。だから挫折する人が多いのではないかと思うんです。漢字の難しさを、まざまざと見せつけられて断念してしまうのではないでしょうか。

ぼくの場合は、耳で聴くので、漢字が分かるとか分からないとかは関係なく、最後まで聴けるんです。それがよかったのではないでしょうか。知らない単語はたくさんありますが、漢字にとらわれず、内容から入っていくと、一度聴いて分からなくても、また戻って聴いたりして、何回も何回も往復するうちに分かってきます。特定の単語が分からなくても、それが決定的にならないんです。分かるところと分からないところが混在してモザイクになって、分からない部分はこうだろうと、妄想をたくましくしたりして。今読み返したら違うところもあるかもしれませんけど、そうやって読んでいけるんです。

——単語の意味を辞書で調べたりはしたんですか。

いや、辞書は使っていません。点字の辞書は膨大な量で、あちらこちらへ連れていくことはとてもできないんですよ。それに辞書を使うには、トレーニングが必要で、手間がかかりました。今なら視覚障害者もパソコンが使えますから、パソコンの辞書に調べたい言葉を入力するだけで簡単に調べられますが、当時はそういうのがありませんでしたからね。ホームステイ先の荒川さんの家では、二階の部屋でテープを聴いていて、どうしても分からない言葉があると、一度テープを止めて、一階に降りていって荒川さんのお父さんに聞きました。テープは戻せるからいいですよ。荒川さんのお父さんが、「単語だけだと同音異義語がいっぱいあるから、急に聞かれても分からない」と言うから、文脈を言うと、「ああ、それならこういう意味だ」と教えてくれました。ありがたいことでした。周囲の人を巻き込んでしまったことになりますが、辞書を調べるより、人に聞いて説明してもらったほうが深く頭に残ります。まあ、周囲の人にはお気の毒でしたけど、ぼくが一生懸命やっていると、みなさんも、けっこう喜んで教えてくれました。このように朗読テープで聴く読書を通して、結果的には相当多くの言葉を知ることになりましたし、日本語の文体や、リズムも味わえるようになったと思います。これが、ぼくの日本語の基盤になっています。

ホームステイ先のお父さん、荒川さんは工業高校の理系の先生でしたから、もともと文学にそんなに関心が強いわけではなかったと思います。ぼくがいちいち聞いてくるから、荒川さんは週末も休みどころではなかったかもしれません。

ラジオとコーラン

――ラジオなどで耳から教養を得ることは、子どものころからあったんですか。

それは、大いにありました。スーダンではニュースをラジオで聴いていました。制作費の安いラジオドラマがすごく発達していましたから、質のいいラジオドラマも楽しめました。スーダンのラジオは、昔はチャンネルが一つか二つしかありませんでしたが、夕方になるとBBCのアラビア語放送が聴けて、もっとアンテナをばーっと伸ばすと、「アラブの声」という、とても有名なエジプトの番組が聴けました。そこでたまに詩を読んだり、有名な小説に基づいたラジオドラマをやったりします。たとえば、アラブ圏で初めてノーベル文学賞をとった、エジプト人のナギーブ・マフフーズの小説をもとにしたラジオドラマなんかも聴きました。ラジオは見えないことを前提にやっていますから、ぼくは過不足なく十分に楽しめるんです。

ただ、ラジオは大人向けで、けっこう難しかったんですよね。たとえばドストエフスキーについての文学評論がありました。本当は、ドストエフスキーの作品を知らずにその番組を聴いても、内容がつかめないんですよ。でも知識は得られます。ドストエフスキーがどこの国のどんなおじいさんかも知らないくせに、「ドストエフスキーという人がいて、こういう本を書いていますよ」とか学校で知識をひけらかすと、「この人すごい」ということになるんです。ぼくは子どものころ、ラジオで得た知識を、そういうやり方で悪用していました。知識の悪用ですね。

ぼくは子どものころからサッカーをやっていましたが、あっという間に目が見えなくなって、サッカーが思うようにうまくなれませんでした。ほかの人はうまくなっていきます。みんなが自分よりできるようになっていくのは、悔しかったです。そうなると、自分だけができること、自分がみんなよりできることは何だろうと考えます。みんなはドストエフスキーなんて知る由もありませんからね。いろんな国の首相の名前なども、子どもたちは知りません。ぼくは、そういうみんなが知らないことを、ラジオを聴いて仕入れるわけです。ですから、学校の中でクラス対抗のクイズ大会みたいなものがあると、すらすら答えていました。みんながびっくりするんです。そうやって、ぼくは、知識で自分の居場所を確立しようとしていたわけです。そのためにラジオを使っていたようなものでした。このような次第で、耳から情報を得ることには慣れていました。

——イスラム教の聖典、コーランも耳で聴いて覚えるそうですね。アブディンさんの中には、そんな文化的基盤があるのではないでしょうか。

たしかに、コーランにはリズムがあって、それを聴いて覚えます。スーダンの先生の教え方は、見える人に対しても、先生がまず読みあげて、みんながそれを繰り返して覚えるという方法です。耳から聴いて覚える、そして暗誦するということが重要です。ぼくは、コーランを学校でも教えてもらいましたし、モスクに毎日五回のお祈りに行くたびに聴きましたし、ラジオでもコーランを流していましたし、テープでコーランを聴いたりもして覚えました。

それから、スーダンには、学校以外でコーランを教える伝統的な寺子屋みたいなところがあるんですよ。「ハルワ」といいます。ぼくは通わなかったんですけど。

――みんなが、木の板のようなものを持って、先生の周りに輪になって座って勉強している風景を、写真で見たことがあります。

そうそう、それです。伝統的なコーランの学び方です。ハルワに行くと、コーランを暗誦するだけではなく、読み書きも仕込まれるんです。自分で覚えたフレーズを、それぞれがその木の板みたいなものに、筆で書き込んでいくんです。覚えたものを書く。書いてさらに深く覚える。そして、深く覚えたら、書いたものは水に流す。そして、また次のを書きます。

それを、昔は六歳までにやりました。昔の教育の質がよかったのは、それが要因だと思います。学校に入るころ、みんなすでにアラビア語がうまかったんです。それはコーランを覚えるのと同時に、アラビア語を正しく書くことも訓練していたからです。六〇年代や七〇年代は学校が少なくて、誰もが学校に入れるわけではありませんでした。アラビア語の読み書きができないと、学校に入れてもらえなかったそうです。今は誰でも学校に入れるようになって、学校で初めてアラビア語の読み書きを勉強しますから、アラビア語の学習という意味では、昔の人より遅れています。

ハルワに通うのに費用は要りません。昔は、それぞれの村にあって、みんなが通いました。学校にみんなが行けないばかりではなく、学校に通わせるのはよくない、ハルワのほうが大事だと思っている親もいました。以前はすべての子どもが小学校に上がれないから、こそ機能していた部分が、たしかにあったわけです。今は小学校ができましたから、その意味では必要がなくなってしまいました。ハルワの方法は前近代的だという批判もありますし、今は、学校でコーランを勉強する時間があるのだから、わざわざハルワに行かせる必要はない、という意見もあります。

ぼくの親も、そんなところには行かせないという考えの持ち主で、兄もぼくも、ハルワには通っていません。教育熱心な父がハルワに行かせたくなかった理由は、まあ、ハルワには問題もありまして、評価もさまざまだからなんです。宗教的な修行ということなのでしょうけれど、けっこう体罰が多いんです。それから、とても質素なものを食べさせたりもします。それが、現代の教育観からすると批判の対象になります。それに、小さな村だとハルワが近くにありますが、大きい町ではそんなに近くにありませんし、そこまで行かなくても近くのモスクでちょっと習うとか、伝統的なやり方ではなく、近代的な方法で習うこともできるわけですよ。

だからぼくは、小さい時はハルワに行きたいとも思いませんでしたが、今思うと、ハルワの存在はやっぱり大きいし、できることなら、小さいころに通っていればよかったと思います。ハルワに通っていた人たちは、やっぱり違うんです。コーランだけではなくて、古い詩なども暗誦したりして、アラビア語がとてもうまいんですよ。アラビア語の詩にはいろんなリズムがあります。日本語にも五・七・五とかありますね。日本語の定型詩というと、俳句とか川柳とか短歌とか、七音五音のリズムですね。それがアラビア語では、型が、もう何十通りもあるんです。ハルワでは、そのリズムを覚えさせます。これはほんとにすごいことですよ。

今、西アフリカでも同じようにコーランを教えていますから、ここで勉強した人は、アラビア語が自由に話せない人でも、コーランをとてもきれいなアラビア語の発音で読みます。すごいもんです。インドネシアやマレーシアなどの東南アジア、それにパキスタンなどの南アジアにもそういう人たちがいます。コーランの発音と意味は教えていますから、よく理解して読んでいますが、アラビア語が自由に話せるわけではありません。丸暗記です。それが、きれいな発音で読むんです。アラビア語ができない人たちも高いハードルを越えてコーランを暗誦しているというのに、アラビア語の分かるぼくが、何をやっているのかと情けなく思うことがあります。

コーランの読み方は、読み手によって違うんです。歌うようにきれいに読む人がいて、有名になったりすると、みんながそれを真似しようとします。カラオケでロック歌手の真似をする人たちと同じです（笑）。読み手はある程度、創意工夫をすることが許されます。

それで誰の読み方がいいと思うか、それぞれみんな好みがあるんです。

――その読み手は宗教家ですか、それとも歌手か俳優のような表現者なんですか。

どちらもいます。必ずしも典型的な宗教の指導者とは限りません。もちろん、宗教的な教育を受けて、コーランを全部覚えているんですが、その中で朗誦がうまい人が、俳優顔負けのスターになっていくんです。大勢の人がその人のファンになって、その人の朗誦のCDを聴きたがりますから、有名なスタジオとかと契約して売り出したりして、有名になっていくんです。

それから、「タジュウィード」といって、コーランをちゃんと正しく発音するための朗誦法があるんです。たとえば、「ん」のあとが「ば」だったら、「n」じゃなくて「m」を響かせるとか、日本語にもありますよね。タジュウィードは、もっときれいに読むためにはどの辺で音を長く伸ばすか、発音をどう意識的にコントロールするか、といった朗誦法です。ぼくもそれを習ったことがありますが、楽しかったです。ぼくが中学生の時に、モスクにある有名な人がコーランを教えに来たんです。モスクの礼拝のあとで、ボランティアで教えてくれました。点字を知らず、読み書きはできなかったころですから、全部、聴いて覚えました。

後に日本の大学で音声学の授業を受けた時、同じようなことを勉強しましたから、あ、タジュウィードは音声学の応用だったんだなと思いました。この音は、あとにこの音が来ると、こう変わるとか、舌の使い方がどうなるとか。そういうことを学んだ上で豊かに読む、畳みかけたり緩めたり、リズムをつけて朗誦するのは、いいなあと思います。

――ここに岩波文庫の『コーラン』全三巻があります。厚い文庫本三冊。たくさん付いている注は別にしても、これだけの分量を全部暗誦するんですか。

あ、井筒俊彦《いづつとしひこ》さんのコーランですね。分厚いですよね。井筒さんの翻訳の日本語は、ちょっと聖書の訳に引っぱられてる感じがします。数年前に、中田考《なかたこう》先生の新しい全訳が出ました。*

暗誦する人は、まるごと全部、暗誦するんです。ぼくは全体の三分の一、いや三十分の一程度しか覚えていません。早い人は一年間で全部覚えます。暗誦の審査があるんですが、それは試験官が適当にある部分を言って、その続きを暗誦させるんです。審査される人は、それを聞いて、その続きをぱーっと言わなければなりません。これに通ったら、国家公務員としての資格が取れて、モスクでお祈りをリードしたりすることもできます。それぞれのモスクで、微々たるお金ももらえますし、モスクの部屋をもらえますから、家賃が要らなくなるとか、生活上の利点もあります。ですから、地方から出てきてハルワで勉強する人たちにとっては、大きな町に出て行くための手がかりになるわけです。イスラム教の神学部に入る資格にもなりますから、さらに勉強することもできますし、朗誦が上手な人は有名になって、いろんなモスクから「うちのほうがもっと高い給料出すからこっちへ来てください」とか言われて、奪い合いになることもあります(笑)。

ですから、視覚障害者とか貧困層が、将来の夢をかけて、覚えるのにお金の要らないハルワに通うということもあります。学校はお金がかかりますが、ハルワは無料でごはんも食べさせてくれます。そしてうまくいくと、資格を得て、将来の成功につながる可能性が

＊中田考監修、黎明イスラーム学術・文化振興会編集『日亜対訳 クルアーン ——「付」訳解と正統十読誦注解』(作品社)

あるわけです。そういう理由で行かせる親もいます。

——それは、日本の鍼灸のように、視覚障害者が自活する方法にもなるのですか。

そういう一面はあります。とくに、エジプトには視覚障害者の宗教家が多いです。スーダンにもいます。アラビア語で話術のうまい人は、コーランの言葉やフレーズを引用しながら話します。コーランの言葉のいろんな引き出しがあるんです。ぼくは、そんなに暗誦できませんから、この点、自分は不十分だと思っています。

——でも、はじめに「書物をしょってるロバのよう」と、コーランの比喩をずっと持ってきましたよ。そういうアラビア語の素養があってこその、アブディンさんの日本語なんでしょうね。

コーランをしっかりやると、詩の感性みたいなものも鍛えられます。だからこそ、ぼくは子どものころからしっかりやらなかったことが、心残りなんです。もっとやっていたら違っていたと思います。詩の感性みたいなものは、日本語で書く時にも発揮されます。まあ、ぼくの日本語は、日本人と違って、こんなおかしな日本語を書いてどうなんだというようなプレッシャーがありませんから、ある意味で自由です。特に最初は、怖いものなんて何もありませんでした。

夢中になった小説の世界

——点字図書館から借りてきて聴いた作品の中で、印象に残っているのは何ですか。

印象に残っているのを一つ挙げるとしたら、三浦綾子の『銃口』です。高瀬先生には、ぼくは時々スーダンの内戦の話もしていましたから、戦争がテーマになっている『銃口』を薦めてくれたのかなと思います。三浦綾子は文体がきれいですね。クリスチャンだから宗教の話が出てきてややこしいところもありますけど、物語の仕込み方がおもしろく、一気に読まされます。

――『銃口』のどんな点が印象に残っているんですか。

『銃口』は戦争時代の話で、ぼくが実際に経験したスーダンの状況とよく似ているんです。男二人の兄弟で、主人公がお兄さんの竜太、弟が保志。竜太は戦争で朝鮮半島に行って、もう少しで殺されそうになるんですが、かつて日本で竜太の父親が命を助けた朝鮮人に、今度は自分が助けられて、何とか生きて帰ってきます。いろいろあるんですけどね。この小説のすごいところは、思想統制とか徴兵とか、国家の権力をうまく利用して、ローカルな人々が自分の個人的な復讐を遂げたり、気に入らないやつに制裁を加えたりする、そういうところがリアルなんです。ありもしないことをチクったりするわけです。はっきり言って、これは、今の日本の若者が読んでもよく分からないと思います。でも、戦争体験のあるぼくにはよく分かります。そういう実感がありました。

ぼくの父も、バシール政権下で、政権に忠誠心を持っていないと誰かがチクったせいで仕事を辞めさせられました。志願しないのに戦争に連れて行かれる人もいます。当時の日本と同じです。でも、スーダンはもっとひどくて、バスを停めて乗客に身分証明書を出させて、一定年齢に達していて学生でも社会人でもない人がいると、片っ端から捕まえて戦争に連れて行きました。兵役に行かないと大学に入れない、というのもあります。志願した人もかわいそうですが、志願もしないのに戦争に連れて行かれるのは、想像を絶する苦難です。ぼくの友だちも二十人は死にました。もっと広い範囲の友だちを思い出せば、百人に及ぶのではないかと思います。彼らは死んでも美談になると思いこんで、志願して行くんです。「君は行かなくてもいい」と言われれば言われるほど、「いいえ、ぼくは行かなければ」という気持ちになってしまうんです。十分なトレーニングを受けもしないで、自分から戦車につっこんでいく若者もいます。死んだら天国に行けると教えこまれて信じていますから、怖くないんです。戦争に行くには、信じている、ということが大事なんですよ。信じてもいないもののために戦って死ぬことはできません。

一方で、軍人は、若者たちが信じているもの、若者たちに信じさせているものを、本気で信じていません。だから、ほとんど死んでいないんです。地雷が怖いと、連れてきたやつらを先に歩かせて、自分たちは死なないようにする。戦争は長期化しますし、彼らは、自分は死にたくないんです。

政治家は結局、自分たちの権力の存続ばかり考えているわけですよ。要は、自分たちがその場で権力を握ることができるならやりますが、止めたほうが権力を握れそうなら止めます。正統な戦争ではありません。二〇〇五年に南北包括和平合意が結ばれましたが、もし十年前にこういうものを結んでいたら、友だちは死なずに済んだかもしれません。死んだ人たちに対して何が言えるかということなんです。自分自身は死んでもいいなんて思ってもいない政治家が、若者を戦場に送り込んで、むざむざと命を失わせる。よくそんなひどいことができるなと思うんです。

でも、一度戦争に行く流れになると、もう誰も止められなくなってしまいます。その時の正義ですから、逃げることもできませんし、流れに逆らうことは、もう無理なんですよ。こんなふうに死ぬことばかり言うと、自分たちが被害者みたいになってしまいますが、戦争に行くということは相手を殺してもいるわけで、加害者でもあるんです。ですから、想像を絶するような経験をして生きて帰ってきた人は、人間が変わってしまうんですよ。純粋だった人も、心に壁ができてしまいます。ひねくれたり、暗くなったり、図々しくなったりする人もいます。中には戦ったことの見返りだと言わんばかりに、国のお金を横領するような人も出てきます。そういう人から見れば、「お前らは戦いもしないでうだうだ批判してるけど、俺らは戦ってきたんだから、今うまい汁を吸おうとしてなぜ悪い」というところだと思います。

死んでしまった友だちの中に、すばらしい人がいたんです。ぼくは当時、ある女の子のことが、ちょっと好きだったんですが、その人も、彼女のことが好きだったみたいです。その人は大変優秀で、人間的にも魅力があって、ぼくには絶対に敵わない人でした。共通の友だちによれば、彼女はぼくよりもそっちの人に傾いていたそうです。その彼が、戦争で死んでしまいました。それを知った時、もしかしたら、ぼくの希望が彼を死なせたんじゃないかと思ったんです。彼が戦争に行って死んだことを、ぼくは心のどこかでちょっと喜んだんじゃないかと。でも、そんな自分が嫌でした。だから、そのあと、その女の子を好きになること自体、邪道だと思って、思いを断ち切りました。『銃口』にも、これに近い三角関係の話があります。人間はずるいと思います。そして、そういうずるさには、国や文化を越えて共通したものがあるんです。

一九九七年にアメリカがウガンダに軍事支援して、南スーダンに侵攻しましたが、軍は勝ち目がないと思ったら、地方都市から大都市ジュバ（現在の南スーダンの首都）まで撤退しました。相手がジュバまで侵攻してくると、物理的に戦うのは無理ですから、特攻隊が相手の戦車に脇から飛び乗って、戦車の運転手をナイフで刺し殺すといった手に出ました。相手はまさか、そんなことをされるとは想定していませんから、びっくりします。そんなプロセスで何千人も死んでいます。誰だって死にたいわけはないんですが、どうしようもありません。それをやったからといって、何も変わらないんですけどね。

スーダンではそんな現実が身近にありましたから、『銃口』を読むと、自分の体験とリアルに重なりました。ぼくはスーダンにいた当時、頭では、南と戦うことはよくないと分かっていたんですよ。まじめに仕事していた父をクビにした、悪い政府だと思っていました。覚めた目で、この戦争はいけないと、そんなことはよく分かっていました。それでも、戦争に行く友だちがトラックに乗ってパレードするのを見たら、やっぱり勇ましいんです。勇ましいというのは、ティーンエイジャーにとっては一番尊敬に値する価値なんです。

ま、ぼくは、使いものにならないと言われて、戦争には行こうにも行けなかったわけですが、もし目が見えていたら、ぼくも戦場に行っていた可能性は高いです。ぼくが戦場に行けば、父への制裁も解けるんですから。目の障害がなかったら、行かないという選択肢は、むしろなかったと思います。

――三浦綾子の『銃口』は、厚い文庫本で上下二巻です。テープも相当の量でしょうね。

『銃口』は一時間テープが、十本とか十二本とか、覚えていませんけれど、もっとあったかもしれません。ですから、十二時間とかかかるわけです。長い小説だと二十時間ぐらいかかるものもあったと思います。順番に次々とかけかえて聴いていきます。学校のある日は学校の勉強しかしませんから、読書は土日です。荒川家の二階のぼくの部屋で、夜、寝る時間を惜しんで聴くわけです。イヤホンを使いますから、外へは聞こえません。物語は続きますから、その先を聴きたくなります。テープだと何本もありますから、残りがどのくらいあるかがよく分かって、よかったです。話が一段落したところで、じゃ、ごはんに行こう、と一階に降りていくんです。

ほかにも、三浦綾子の作品はいろいろ読みました。『氷点』とか、『塩狩峠』とか。『氷点』は日本人が好きそうな小説ですが、ぼくの好きなタイプではありません。日本人は暗いものが好きなのかもしれません。ぼくが小説に求めるのは、生死にかかわる究極の話ではなく、身近にありそうな話が深く書きこまれていることです。何でもないようで、じつは深みがあるという話が好きです。

三浦綾子より先に、高瀬先生が薦めてくれたのは、遠藤周作の本でした。『深い河』、あれを読んで感銘を受けて、そのあと同じ作者の「狐狸庵先生《こりあん》」の本を読んだのですが、とても同じ人とは思えなくて、飛び上がるほどびっくりしました。一番ひどくて忘れられないのは、東京から関西へ向かう電車に乗った老人が下痢をして、それが止まらないから、みんなで抱えて彼のおしりを窓の外に出して、なんていうんです*。もう、ほんとに、あまりにも下品な短編集で、これが同じ人だと知った時に、いや、とんでもないすごい人だなあと思いました。遠藤周作、どんな人でしょうね。会ってみたかったです。クリスチャンの深い哲学をもった人ですね。

高瀬先生が読むように言ってくれた中に、三宮麻由子《さんのみやまゆこ》という盲目のエッセイストの『鳥が教えてくれた空』というエッセイもありました。高瀬先生は見えない人の世界に感動したと言っていました。それはぼくには当然のことなので、そういう感動はもちろんないわけですが、これを読んだ時、ライバル心が沸きました。同じ境遇にある人がこんなふうにエッセイストとしてやっていけるなら、ぼくにもできるかもしれないなと思いました。

一方、いくら読んでも分からなかったのは、三島由紀夫《みしまゆきお》の『金閣寺』なんです。盲学校の先生に薦められて読みましたが、どこがいいのかぼくには分からなくて、諦めました。いま、理解力不足なのでしょうけれど、実際にあった事件をモデルにしていると聞いても、ぼくにはリアリティが感じられませんでした。

　そして、何と言っても印象に残っているのは、夏目漱石です。最初に『坊っちゃん』を読んで、次に『こころ』を読みましたが、これも同じ人が書いたとは思えませんでした。『坊っちゃん』はもちろん調子がよくておもしろいわけです。山嵐と、江戸っ子の坊っちゃんがいて、テンポがあります。文体がいいなあと思って、繰り返し読みました。でも『こころ』は、なんでしょうか、あの、最初の展開の遅さですよ。関係ない人物がたくさん出てきて、ここかな、ここかな、ここから話が始まるのかなと思うとそうではない。新聞連載で、原稿料をとるために字数稼ぎをしたんじゃないかと疑ってしまうくらいに展開が遅いわけです。この部分がたるくて、読み疲れて、途中で投げ出そうかと思いました。でも、そのあと重い展開があって、それを最後まで読みきった時に、ああ、そうだったのかと分かりました。あの重い最後にたどりつくためには、あのくらいの助走が必要だったんだと、読み終わって初めて納得するわけです。最後に、全部納得できました。

　森鷗外はどこかで読みましたが、入り方に惹きつけられませんでした。芥川も鷗外も、

＊遠藤周作「臭い仲」、『ぐうたら社会学』（集英社文庫）所収

言葉が難しいんです。漱石のすごいところは、今この時代でも通じる言葉で、特に難しくないんです。その不思議さがあります。力のある難しい言葉を使うんじゃなくて、文体全体の力。リズムがあるんです。ぼくは音で聴いていますから、リズムが耳に残ります。ほかの作家の言葉は、これほどリズムがよくはないんです。

あと、高瀬先生に薦められたのは、当時話題になっていた本です。「今どんな本が流《は》行《や》っていますか」と聞いて、教えてもらいました。点字になるのに半年くらいかかりますけど、あの時は天童荒太《てんどうあらた》さんの『永遠の仔』が話題で、それが点字になっていたので読みました。父親が娘に性的虐待をするというような内容でした。ぼくは、こういう重い内容の本は、自分も重い気持ちになるから嫌なんです。ほかに、金城一紀《かねしろかずき》『GO』、重松清《しげまつきよし》『ビタミンF』なども読みました。太宰治《だざいおさむ》の『人間失格』なども読みましたが、あれも重くて重くて重くて……。好きじゃないわけではありませんが、なんだか、「もうちょっとがんばって」と言いたい気持ちになるんです。

——なるほど。重いといえば『銃口』も重いわけですけど、アブディンさんが嫌いなのは、がんばってない、息苦しい重さなんですね。

そうそう。『銃口』みたいな戦争の話は、もうこれ以上がんばろうにも、がんばれない事情があります。それはほんとに、もう仕方がありません。でも、太宰の『人間失格』は、もうちょっとがんばれるんじゃないかと、当時のぼくは思いました。今思うと、そのがんばれるのにがんばらないというあたりに、日本文学に特有の本物の暗さ、暗さの深みがあるように思うんです。がんばれるはずだと思えても、それができない、諦めなければならないということは、この世の中にはたくさんあります。人生のどのステージで何を読むか、それによって文学の味わい方は変わってきますね。今のぼくには、この日本文学の暗さの味わいが少し分かってきましたが、当時のぼくには、がんばれるのにがんばらないのは贅沢じゃないかと思えて、読みづらかったんです。

それから、みんなが薦めてくるのが村上春樹《むらかみはるき》ですね。『ノルウェイの森』はおもしろいと思いました。でも、二冊目を読んだ時に、ストーリーは全然違うけれど、特定のシーンが似ていて、なんか作者が自分の作品を再利用してる感じを受けたんです。バーでウイスキーを飲んでいるシーンとか、チーズときゅうりのサンドイッチがクールだとか。なんか、日本の話ではないような感じなんですよね。場面、場面が日本っぽくないんです。ぼくか

ら見たら、チーズときゅうりでは何か物足りなくて、もうちょっと、卵も入れてください
という気がして。作者は自分でもバーをやっていたから、何かあるんだろうと思いますし、
それがいいという人が多いんだろうと思うんですけど、ぼくにはよく分かりません。
それから、西洋のクラシックやジャズの曲とか音楽家の名前など、実在の固有名詞がたくさん出てきますが、ぼくの教養不足もあって、お手上げなんです。いちいち、これはどんな人かな、何かなと、ウィキペディアのページを開きながらでないと読めないんですよ。それにぼくは、カタカナが嫌いなので、カタカナで実在のミュージシャンの名前が入ってきたりすると、なんか、飲んでいる牛乳にハエが入ってきたみたいな、安っぽくなる感じがするんです。

――あの、「カタカナが嫌い」と言いましたが、文字は見ていないわけですよね。カタカナとひらがなの違いって、どんなふうに分かるんですか。

それが、聴いていると分かるようになってくるんですよ。日本人がカタカナを読む時は、ひらがなを読む時と違う、ちょっとした苦しさがあって、それが聴いていると分かるんで

す。すらすらと読んでいても、カタカナのところに来ると、なんかちょっと気を張った感じになります。苦しさと言いますか、何か不自然さが出るんです。それが嫌なんです。スーダンにはハエがいっぱいいますから、ハエにたとえて言いましたが、日本にはあまりハエがいませんから、先ほどのたとえは分かりにくいかもしれません。つまり、ぼくは見ないで聴いてますからね、どんな漢字かと想像して、頭を働かせて聴いているのに、カタカナが入ると邪魔される気がするんです。一瞬どんな漢字かなと考えて、なんだカタカナだ、考えても意味がないってことになります。カタカナの言葉は、原語にさかのぼって意味を推測するのも難しいです。手がかりが何もなくてがっかりするんです。

――なるほど。たしかに村上春樹の作品には、耳慣れないカタカナの固有名詞も出てきますね。

それに、文体もなんか弱々しくて、人もひねくれたみたいなやつが出てきますよね。日本の普通の庶民みたいな人が出てきません。彼は七〇年代、八〇年代の学生運動に関わった人たちとか、ひねくれたインテリの学生を描いている可能性がありますが、どうも素直じゃないんです。何と言っても世界的な人気作家ですから、ぼくの意見には反対の人が多いんだろうと思いますけど。それを覚悟の上で言いますが、固有名詞に頼らないで、どんな人物とか、どんな曲とか、曲名じゃなくてテンポの速いジャズとか、言葉で表現したほうがいいと、ぼくは思うんです。ぼくみたいな読者がいちいち調べなくても分かるように書いてほしいと思います。

——漱石の作品の登場人物も、人間はそう素直ではありませんよね。インテリが多いですし。

それはそうですね。でも、いいんですよ。文体の力とのバランスだと思います。漱石のすごいところは、当時のいろんなものを踏まえて書かれていますが、その歴史的背景を知らなくても楽しめるところなんですよ。もちろん分かったらもっと深く楽しめますが、知らなくても知らないなりに楽しめます。日本橋のなんちゃらとか、その場所を知らなくても、提示されたストーリーだけでも共感できるものがあるんです。作品だけで、背景を知らなくても分かるものが書けるかどうかだと、ぼくは思っています。漱石は、文体がばんばんと、「どうだ！」って感じ。そこに、いろんな人物を混ぜてくるんです。『坊ちゃん』も、楽しい話のようでひねくれてますし、結局強がっていた主人公は負けてしまうでしょう。身内もいませんし、寂しい終わり方ですね。田舎者のせめてもの抵抗を、うまく描いていると思います。会津の人への親近感を描くのも時代の影響でしょうかね。薩長が幅を利かせている時期でしたから。愛媛は薩長ではありませんけど、東京も会津も、敗北感が充満していた時期と重なりましたからね。そこに連帯を感じるわけです。

もちろん最初はそんなことを知らずに読んだんですが、知らなくて読んでも楽しいし、知れば知るほど深読みできます。そこがすごいと思います。文脈を切り離しても純粋に読めるというところがすばらしいです。読者がそれぞれの妄想を働かせる余地も与えてくれるんですね。それが尋常ならざる腕でしょう。

あと『三四郎』は、大学のキャンパスの話ですよね。みんな、いろんなものを背負ってきます。それぞれが丁寧に描かれていて、おもしろいです。

――ずいぶん、たくさん読んだんですね。

ぼくは本を読みはじめると止まりません。夜八時に読みはじめたら、もう朝まで。一冊の小説を読み終えた時に、かなり重要な表現とかが、二十個か三十個、頭に残って、日本語の幅が広がったと実感できるのも楽しみでした。

ラジオの愉しみ

――文学作品の朗読テープのほかに、聴いていたものはありますか。ラジオはスーダンでもよく聴いていたという話でしたが。

ラジオは、日本に来てからも聴いていました。特に野球の実況放送は、福井時代、一九九九年ごろから聴きはじめて夢中になりました。

ラジオを聴くなら、野球の実況につきます。それに比べると、サッカーの実況放送はそれほどおもしろくありません。サッカーは試合の流れが激しくて、実況放送は、それを後追い、後追いで、説明するだけです。ところが、野球は打って捕るという、それだけの、言ってみれば単純なスポーツですから、「打ちました、捕りました」では間がもちません。

待ち時間が長いですしね。起きてることの解説だけではなく、その時間を埋めるために、いろんな話を持ち出したりするから、いわば話芸なんですよ。

ＮＨＫより、民放のアナウンサーがすごいです。特にニッポン放送の山田透《やまだとおる》は最高です。「ざわめきが、どよめきに変わりました」。彼はさらっと、とっさに、こういう言葉でどんどん表現するんです。「ファールだと思ったんですが、どうでしょう、これは」なんて、解説者との掛け合いがまた、おもしろいんです。聴いてみたら分かりますよ。選手をからかったんじゃないかと受け止められるような発言も出てきます。特に元阪神の江本孟紀《えもとたけのり》が解説する場合、この人は「ベンチがアホやから」とか、ずけずけ言うんですよ。江本と山田透が一緒になると、ものすごく盛り上がるんです。放送ぎりぎりのことを、がんがんずけずけ言いますからね。たとえば、「二刀流について、どうですか」とか言うとね、「そんなアホなこと、止めたほうがいいですよ」とか。それを受けて「江本さんは、大谷は二刀流にすべきではないと言ってるんですが」とかなんとか。あ、今のはたとえばの話ですよ。話題になってる大谷翔平《おおたにしょうへい》の二刀流みたいに、みんながすばらしいと称賛していることでも、珍しい少数意見を言ったりする、という例です。

「先週お会いした時に、「すばらしい当たりでした」と言ったら、「たまたま振ったら当たりました」と言っていましたけど」とか、その場とは関係のない話題も持ち出したりするんですが、そしたら解説者が、「たしかにあんないい振りをする選手じゃないね」とかさ(笑)。そんなことをおじさん同士で、まあ、愛をもって、ずけずけ言いながら進めるんですよ。まあ、今のようなのは、明るい選手にしか言えないですよ。言われたら落ち込みそうな人には言いません。だから安心なんですけどね。

おやじギャグみたいなのも出てきます。巨人や中日で活躍した川相昌弘《かわいまさひろ》が、先日、桑田《くわた》真澄《ますみ》とダブルで解説をしていて、巨人の鍵谷陽平《かぎやようへい》投手について、六回の表、「これからの行方を決めるのは、このポイントです。ここが試合の行方をにぎるカギや」なんて言うんですよ。そしたら桑田真澄が気づかなくて、「鍵谷投手ですからね」と本人が解説して、やっと分かった(笑)。こんなおやじギャグも入ってくるんです。

——なるほど。ラジオは全部、言葉だけで伝えるわけですからね。それを聴いて状況を想像しながら、日本語表現の技も学んだわけですね。

そうそう、そういうことです。民放の野球の実況放送は、ほんとに多くの人に聴いてもらいたいと思うんです。あれはもう、本当に漫才や落語なんかの話芸に近いものがあります。ぼくは、もともと野球自体を、あまり知らなかったんです。それを実況で聴きながら、どんなスポーツか理解したわけです。それで、野球に似たグランドソフトボールという名前のスポーツ*を、自分もやるようになったんですよ。

福井時代は、土日に小説を読む一方で、鍼灸の勉強をして、ほかに野球の実況も聴いていたわけで、がんばったと思いますけど、それ以外の娯楽が少なかったんです。盲学校の寮から町の中心に行くバスは二時間に一本しかないんですが、門限は七時半です。学校が終わってからバスに乗って町に行ったら、門限までに帰れません。それに、ぼくは勉強でいっぱいいっぱいでしたから、平日はめったに町へは行きません。学校と寮、土日のホームステイ。だから、勉強するにはとてもよかったんです。

このころ夢中になった野球の実況は、研究者になって海外に出ることが多かったこの二、三年、あまり聴かなくなりましたが、今はまた仕事からの帰りとか、移動の時とかに、スマホで聴いていています。

＊視覚障害者が行なう野球競技。ハンドボールのボールを使う

――テレビドラマなどの音声ガイドの副音声を聞いたりはしませんか。視覚障害者に分かりやすいように配慮されていると思いますが。

ぼく、テレビはあまり見ないんですよ。でも、日本へ来たばかりのころはNHKの朝ドラが好きで、隔週でホームステイに行っていた、川岸さんの家で見ました。ぼくがドラマを見たがっているのを知って、二週間分ビデオ録画してくれていたので、行った時にまとめて見るんです。その時は副音声が役に立ちました。当時の朝ドラは「あすか*」です。京都の和菓子屋さんの話で、京都の言葉が出てきました。「～でがんす」という言い方を、そこで覚えたりもしました。

あの副音声は、おもしろかったです。今でも覚えていますよ。当時は副音声という概念も知らなくて、まったく初めて聞きましたから、印象深かったんです。あすかが、従姉妹の舞ちゃんと、幼馴染のハカセというあだ名の男性をめぐって三角関係になったり、いろんなことがありました。結局ハカセはあすかと結婚するんですけどね。「部屋に入ってくるあすか」「キスを交わす二人」とか、副音声がなんだか生々しいんですよ。あれは、おかしい（笑）。この副音声もまた、なんかコメディの一つのジャンルですよ。「仏壇の前で手をあわせる誰々」とかね。いろんな人のいろんな状況を、あくまでも淡々と説明するのがおもしろいんです。

漫才のパックンマックンのネタにも、テレビの副音声の真似がありました。けっこうブレイクしたネタです。「お父さんが仕事から帰ってくる。「ああ、疲れた」。お風呂に入ろうとすると、娘のよしこが入っていることを知って、「まだかよー」と嫌な顔をするお父さん」と言ったらさ、相方が勝手に変な方向へもっていくんです。「お風呂をのぞくお父さん」とか。それでつっこむ。「なんでのぞくんだよ、お父さんだよ」ってね。「お風呂から上がってくるよしこ。お父さん、お風呂に入る。お父さんがお湯につかる」。そしたら、「お父さんがお湯を飲む」って。「なんでお湯、飲むんだよ」「よしこの味がする」（笑）。すごい変な話です。あれは、おもしろかったです。

――お笑いが好きなんですね。

＊ＮＨＫ朝の連続テレビ小説「あすか」。一九九九年十月より半年間放映

いや、お笑い番組はあんまり見ませんけど、漫才は好きです。ラジオはけっこう漫才をやるんです。ラジオでやると言葉だけで勝負することになります。でも、テレビでやると、変なしぐさをしたりして、無理して笑わそうとすることが多い気がするんですよ。ぼくは見えなくて、しぐさとかが分かりませんから、テレビのお笑いはあまりおもしろくありません。爆笑問題はラジオ番組をやっていて、田中さんと太田さんが普通に二人でしゃべってるんですけど、あの人たちは、ほんとにうまいと思います。オール阪神・巨人も好きです。ぼくは会話の世界で生きてますから、漫才からは会話のリズムを学べます。漫才はまあ、やりすぎですけど。

あと、落語が好きです。NHKで上方落語などをやっていると聞きます。落語って、演目のネタ自体は単純ですから、演目よりも、どうやってそこへもっていくかという落語家の技を楽しむんです。「枕」って言うんですかね。本題に入る前にアドリブみたいなのを仕込むんですね。ここが一番の腕の見せ所だと思います。この技は、ぼくも講義の最初に応用していますよ。時事ネタを振って学生を引きつけてから、本題に入るんです。結果は芳しくないですけど。

関西弁も好きです。でも、「オレ関西弁しゃべってるぜ」というようなわざとらしいのは嫌いです。大きな声を出して、力を入れて、話を無理して作ってる感じなのは嫌なんです。

そう言えば、仕事でパックンに会う機会があったんですよ。この副音声ネタの話をしたら、「よく覚えていてくれましたね」って喜んでくれて、「よしこは」ってぼくが言ったら、その続きをパックンが「お父さんがお風呂に入ってきた」「お湯を飲む、よしこの味がする」ってやってくれました(笑)。そういう馬鹿な話なんですよ。一体どこへ行くのか、落ちが分からないからおもしろいんです。

――アブディンさんも、高度な「おやじギャグ」の使い手ですよね。

はい。おやじギャグには自信があります。あれは、その場で作るのが鉄則で、作り置きを使ってはだめなんです。ぼくにレベルが近い人はあまりいませんから、最近はお披露目する場面があまりないんですよ。今日も、Tさん(担当編集者)が「頭を使うから糖分も必要でしょ」ってチョコレートを出してくれたから、ぼくはすぐ「当分の間はね」って答えたんですが、まったくスルーされましたからね。おもしろいかどうかは分かりませんが、スルーされるのはちょっと傷つきます。

おやじギャグを言うと、相手は気づかないか、気づいても妬みか僻みか分からないけど、おもしろくないと軽視するか、二つに分かれるんです。もちろん後者のほうが性質《たち》が悪いんですけど、前者も困ります。一番いい対応は、返し技で返すことなんですが、それができないなら笑ってくれればいいんですよ。

――「返す」というのは？

たとえば、この間ごはんを食べに行って、「鶏はどうですか」と聞かれたから、「とりあえずいいですよ」と答えたら、相手もまた「トリ」で返してきて、「いやなんか、とりとめのない話で」って。こんなふうに「トリ技」を続けてたら、脇にいた人が「もうこの辺でいいかな、注文して」なんて言い出してね(笑)。こんなふうに分かってもらえるといいんですけど。

ぼくは最初こういうのを、おもしろい言葉遊びだと思っていました。こういう遊びの存

郵　便　は　が　き

おそれいりますが切手をおはりください。

101-0052

東京都千代田区神田小川町3-24

白　水　社　行

購読申込書

■ご注文の書籍はご指定の書店にお届けします。なお，直送をご希望の場合は冊数に関係なく送料300円をご負担願います。

書　　名	本体価格	部　数

★価格は税抜きです

(ふりがな)

お　名　前　　　　(Tel.　　　　　　　)

ご　住　所　(〒　　　　　　)

ご指定書店名（必ずご記入ください）	取次	（この欄は小社で記入いたします）
Tel.		

『日本語とにらめっこ』について　(8898)

■その他小社出版物についてのご意見・ご感想もお書きください。

■あなたのコメントを広告やホームページ等で紹介してもよろしいですか？
1. はい（お名前は掲載しません。紹介させていただいた方には粗品を進呈します）　2. いいえ

ご住所	〒　電話（　）		
(ふりがな) お名前	（　歳） 1. 男　2. 女		
ご職業または 学校名		お求めの 書店名	

■この本を何でお知りになりましたか？
1. 新聞広告（朝日・毎日・読売・日経・他〈　〉）
2. 雑誌広告（雑誌名　）
3. 書評（新聞または雑誌名　）　4.《白水社の本棚》を見て
5. 店頭で見て　6. 白水社のホームページを見て　7. その他（　）

■お買い求めの動機は？
1. 著者・翻訳者に関心があるので　2. タイトルに引かれて　3. 帯の文章を読んで
4. 広告を見て　5. 装丁が良かったので　6. その他（　）

■出版案内ご入用の方はご希望のものに印をおつけください。
1. 白水社ブックカタログ　2. 新書カタログ　3. 辞典・語学書カタログ
4. パブリッシャーズ・レビュー《白水社の本棚》（新刊案内／1・4・7・10月刊）

※ご記入いただいた個人情報は、ご希望のあった目録などの送付、また今後の本作りの参考にさせていただく以外の目的で使用することはありません。なお書店を指定して書籍を注文された場合は、お名前・ご住所・お電話番号をご指定書店に連絡させていただきます。

在は、ホームステイ先の荒川さんのお父さんが教えてくれたんです。二人で言い合って楽しんでいて、おもしろかったから、外でもやってみたわけです。そしたら、それは「おやじギャグ」と言うんだと教えてくれた人がいたんです。

荒川さんは、最初は教えてくれましたけど、ぼくがちょっと変化球を出したら、もう返せなくなっちゃいました。荒川さんのは「バッタがふんばった」とか、「コーディネートはこうでねえと」とか、そういうレベルです。文脈に関係なく、作り置きを会話に入れ込もうとしてしまうんです。ギャグは会話を円滑にする役割があるのに、文脈に関係なく乱用すると、逆に流れを切ってしまいます。それではだめなんです。

一番性質《たち》が悪いのは、「おやじギャグ集」のような本から仕入れてきたのを忘れないうちにと、ぼんぼん使う人ですね。怒涛の攻めですよ。こっちは疲労困憊するんです。文脈に関係ないのは、一番いけないことです。それでおやじギャグ全体が馬鹿にされるとしたら、それは風評被害です。ほんとのギャグは自分の中から出てこなきゃいけないし、文脈に合っていることが大事です。気づかなくても話がそのまま通る、会話がそのまま成立するというのが大事なんです。ただ残念ながら、うまく行きすぎると気づかれないというジレンマもあって、匙加減が難しいところです。

どうも普通の人は、漢字でものごとを認識してるようですから、同じ発音の言葉でも最初から違うものだと思うんでしょうね。考える「構想」とハーブの「香草」、争う「抗争」なんかも、同じ発音だということをあまり気にしないみたいですが、ぼくの場合は頭の中に発音ごとに分類されているようなものだから、まず発音が同じ、というのが先に来ます。だから同音異義語を活用するのは得意なんだと思います。

――おやじギャグは、コミュニケーションにも役立つでしょうね。

それはほんとにそうですね。盲学校を卒業したあと、ぼくは生活が苦しかったから、房総半島の白浜《しらはま》というところで、住み込みでマッサージのアルバイトをしたことがあるんです。協会の留学生の先輩がやってたというので紹介してもらいました。お客さんは、ホテルの部屋で、無防備な姿でベッドに横になって待っています。普通は日本人が来ると思ってるじゃないですか。で、振り向いたら、想定外の人が入ってくるから、びっくりします。最初はもう、お客さんの背中も緊張で硬直してるんですよ。そのうち「どこから来たんですか?」、「スーダンです」、「どんな国ですか?」、「日本より数段広くて、数段暑いですよ」とか言ったら、一気に緊張がほぐれて、笑ってくれます。何か、マッサージ師兼エンターテイナーみたいな感じで、けっこうチップをもらいました。

外国人で目が見えなくて男性でって、不利な条件が重なってますから、そこを、笑いをかますことによって、普通の日本人がギャグを言う以上の価値を感じてもらえて、一気に逆転するみたいなところがありました。

おやじギャグなんて言いますけど、これは最高のコミュニケーションツールですよ。むやみに連発するのは問題ですけど、「ここぞ」というところで使うと、人間関係の緊張が緩むんじゃないかと思います。

何でもないことを、あたかもこの世の終わりであるかのように表現するのもおもしろいですね。漱石の『吾輩は猫である』に出てきますよ。猫たちが軍人みたいな言葉を話したりして、あれが、おもしろいんですよね。

時の政治家の真似をするのもおもしろいです。誰かが都合の悪いことを聞いてきたら、「そんなこと、ぼくに分かるはずがないじゃないですか」って、小泉元総理がイラクのことを質問されて言ったのを真似するとか、根掘り葉掘り「どうするんですか」と追及された時は、「エ、それを、エ、精査した上で、ですね、エ、しかるべき対応を、してゆく所存です。我が国の置かれている状況を鑑みると、ハイ、冷静に判断しながら、エ、国民の安全を保障した上で、これから協議していく次第であります」とかね。こういう時事ネタはどんどん使っていかないといけません。でも、国会中継そのものを知らない人も多いですから、そうなるとね……。そういう人には言っても分かってもらえないのが問題です。

――なるほど(笑)。朝ドラは「あすか」のほかにも見ましたか。

盲学校を卒業してからですけど、「さくら」*というのも見ました。ハワイの日系人の英語の先生の話。さくら役の女優さんは、英語がうまかったですよね。ほんとに帰国子女なんですかね。調子に乗るところとか、すごいよくて、ただものじゃないと思いました。あの女優さんは、もう、あれ以外の役はできないんじゃないかっていうくらい、「さくら」になりきっていましたね。演技というより自然体で、すばらしかったです。あのドラマはセリフが多かったから、副音声に頼らなくても、セリフだけで分かりました。

――いわゆるJポップなど、日本の歌はどうでしょう。

聴きますよ。演歌が意外と好きです。日本の演歌はスーダンの音階に似ているんですよ。ロックなどは、ぼくには騒音なんですけど、演歌は言葉が聞きとれるのもいいところです。美空《みそら》ひばりの歌で、「試練は打ち勝つためにある」という歌詞がありまして、**「試練に打ち勝つ」じゃなくて、「試練は打ち勝つためにある」というのは文学的ですよね。ぼくも日本でいろいろ苦しい思いをしていましたから、逆境にいる時にこの歌詞が心に響きました。ベタな感じですけど、人間、ベタなものを切実に求める時もあるんですよね。美空ひばりは歌詞がはっきり聞きとれるから、その点でもよかったです。

谷村新司《たにむらしんじ》もいいですよ。彼の歌も、歌詞がはっきり聞こえます。あと、山口百恵《やまぐちももえ》は歌唱力があって好きでした。魂が乗っていて、芝居がかった歌い方をするところがいいですね。それから、前川清《まえかわきよし》。情感がこもった歌い方をして、いいなあと思います。腎臓あたりをぐ

*NHK「さくら」の放映は二〇〇二年四月からの半年間。高野志穂、小澤征悦らが出演。

**「終りなき旅」(作詞：なかにし礼、作曲：三木たかし)の歌詞に「神様が私の夢にあらわれて　いじめぬくのも愛ゆえと言った　つらい試練はうち勝つためにある」とある。

いっと押して、うわーっと、声がいろんな臓器に触れながら、震えながら天に上がっていくみたいな気がします。ぼくは自分で歌うのも好きで、自分ではうまいと思ってるんですけど、妻いわく、「ウーン、ちょっとやめて」って（笑）。

方言を味わう

——日本に来て二か月半ほどで東京を離れて、福井で三年間を過ごしたわけですが、福井弁はどうでしたか。

いやあ、福井に行った時、直面したのが福井弁の問題でした。盲学校は全国の各都道府県にあって、福井県立盲学校には原則として福井県に住民票のある人しか入れないんです。ほかの県からわざわざ住民票を移してくる人はいません。だから、もう、ほんとに福井弁のネイティブの人たちに囲まれるわけです。先生も福井弁を話すわけで、福井弁で東洋医学の授業を受けるから、分からないのは福井弁のせいなのか東洋医学のせいなのか、よく分からなくなるわけです。

福井弁といっても、その中にはいろいろなバリエーションがあって、そのいろいろな福井弁のネイティブに囲まれて暮らしていました。バリエーションというのは、三国《みくに》の言葉とか、永平寺《えいへいじ》のあるところの近くの勝山《かつやま》の言葉とか、嶺南地方の小浜《おばま》のあたりの言葉とか、いろいろあるんです。小浜あたりの言葉は、京都弁の垢抜けない感じです。彼らは福井に対して優位に立ってるようなところがあるんですよ。「自分たちは京都に近くて、あんたたちの福井弁とは違います、自分たちのほうが都会的です」みたいなね。親しくなった友だちで、三国の言葉を話す人がいました。標準語で「あるよ」って言うところを、典型的な福井弁では「あるがー」って言うんですが、三国の言葉になると「あるがしー」って言うんですよ。けっこうきつく聞こえるんです。こういう違いっておもしろいですよ。福井の寮生活では、こういうのを楽しまないと損ですね。

――日本語を勉強しはじめて間もなく福井に行って、福井弁で勉強したわけですけど、福井弁を共通語と錯覚することはありませんでしたか。

それは大丈夫でした。ラジオや朗読図書で、福井弁じゃない日本語もたくさん聞いていましたから。それに、スーダンにも方言がたくさんあって、かなりの方言差がありますから、ところによって異なる方言が話されているということには違和感がなかったんです。アラビア語にもバリエーションがたくさんあります。日本人がアラビア語を勉強する時も、もっとバリエーションに触れたほうがいいと、ぼくは思っています。やっぱり、それぞれの土地の気持ちの表現って大事です。方言でないと伝わらない気持ちってありますよね。福井に行って初めて、「ほーかのー」とか聞いた時は、なんだろうと思いましたし、慣れてくるまで分かりませんでした。でも、これぐらい違っていてもおかしくないと思うわけです。福井の言葉に親しむことができたのはよかったです。

――福井弁はアブディンさんの日本語を豊かにするのに役立ったようですね。

はい。ぼくが福井弁を使ったらおもしろいと思う人が大勢いて、わざとおもしろい福井弁を教えてくれるんですよ。それは誰もが分かるオーソドックスな福井弁じゃなくて、もっと古い言い方だったりして、福井でも若者はもう使ってないんですけど、これをぼくが使ったら周囲がどんな反応をするか、みなさん、楽しみにしてるわけです。で、ぼくが福井弁をしゃべるとね、仲間みたいになって、みんなに喜ばれます。
福井にいた時は、まあ、気づかないうちに、ぼくも福井弁をしゃべってたと思います。福井弁がうまい、うまいと言ってもらいました。福井では、標準語をしゃべると相手が緊張するような気がします。彼らも、生徒会とか、改まった時は標準語をしゃべろうとするんです。だから、ぼくも普段は福井弁に合わせて、「あのぉおぉお」とか、伸ばしたりしてました。相手に合わせます。でも、相手が変わると忘れてしまいます。

——その後、福井から再び首都圏に来て、友人関係も広がりましたね。福井弁以外の方言にも出合いましたか。

友だちの福地健太郎《ふくちけんたろう》さんは時々、大阪弁を話します。福地さんは六歳下の大事な友だちです。彼は筑波大学で教育学を勉強してから、イギリスのサセックス大学で修士号を取りました。一種の天才で、おもしろい人です。普段は大阪弁はしゃべりませんが、お母さんや大阪の友だちから電話がかかってきたりすると、目の前で大阪弁にシフトします。あと、特にお金が絡む話なんかの時に、ちゃんと大阪弁になったりするんですよ。お金の話には大阪弁が似合いますね。

筑波に越してからお世話になってる大森哲實《おおもりてつみ》さんも、関西弁を話します。時間に遅れたりすると、関西弁で、大変な権幕で怒られます。怒られるのが関西弁だと迫力があって、余計にびびります。ステレオタイプかもしれませんけど、大阪弁は勢いがありますね。しゃべれたら楽しいだろうなあと思います。関西に住まないと難しいでしょうけど。中途半端にしゃべるとかっこわるいですからね。

大阪弁といえば、マジ切れされたことがあるんですよ。大学で、大阪弁を使ってる人がいると思ったもので、「大阪弁ですね」って言ったら、怒って「ちゃうわ！」って。「じゃ、どこですか」って聞いたら「兵庫や」って。「そんなの、どうでもいいじゃないですか」って言ったら、もっと怒られました。一緒にすると怒られるけど、ぼくから見たら、そこ、どうでもいいじゃないですか（笑）。

あと、山形県の米沢《よねざわ》へ行った時、友だちのおばあちゃんの東北弁を聞きました。おばあちゃんの話を聞いて、ぼくが分かったような顔をしてたらしく、友だちが「よく分かったねえ」と言うので、「だいたい十七パーセントくらいしか分かってない」と答えました。分からないところは相槌だけ打っていました。ぼくは、それがうまいんです。あと熊本県の八代《やつしろ》へ行った時も、友だちのお父さんの言葉はほとんど分かりませんでした。ほかに仲のいい友だちに愛媛の人がいて、愛媛の言葉を話しますが、これは聞きとりやすくてよく分かります。いつか、ある講演会か何かで、後ろにいた知らない人が二人で愛媛弁をしゃべっているのに気づいたので、ぼくが振り向いて「愛媛の方ですか」って言ったら、「え、なんで分かるんですか」って狼狽してましたけど、愛媛の言葉は聞いたらすぐに分かります。文末が「しとーん」とか、優しくてやわらかい感じなんです。特に女の子が話すとかわいいです。

——アブディンさんは出会った人のことをいろいろ話してくれますが、相手の顔、人の風貌はどんなふうに想像するんですか。

昔の見えていたころの知識を駆使して想像するわけです。十二、三歳の時、テレビでサッカーの三浦知良《みうらかずよし》選手を見たんです。アップで映った時、ぼんやりと。長髪でしたよね。それが、ぼくが思い出すことができる唯一の日本人の顔なんです。典型的な日本人の顔なのかどうか分かりませんけど。だから日本人の顔っていうと、三浦選手の顔がなんとなく浮かぶんですけど、ほかにパターンがないもので、それはちょっと残念だと思うんです。

Column

モハメド君の思い出②

荒川清美さん・義弘さん

清美さん（以下、K）　私は福井県立盲学校の職員で、按摩・マッサージの実習準備などの仕事をしていました。一九九八年の三月の終わりごろ学校から、寮が使えなくなる週末に、留学生をどこかの家で受け入れてくれないかという話がありました。「この学校で受け入れないと、国へ帰らなければならない留学生がいる。彼にチャンスを与えたい」と窪田先生が熱心に呼びかけたんです。モハメド君のことでした。

その時、うちには息子が二人いるけど、三人目がいても大して変わらないし、盲学校から歩いて帰れる距離にあるし、「うちで受け入れましょう」と手を挙げたんです。帰って家族に話したら、みんな賛成してくれました。

その時、長男が五年制の高等専門学校の二年生、次男が中学校二年生でした。モハメド君は長男の三歳上で、ちょうど三つずつ違います。

義弘さん（以下、Y）　うちはね、外国人との交流は前から積極的にやってたんですよ。ALTといって、中学校や高校の英語の先生として英語圏の若い人が来るプログラムがありますね。そういう人たちをパーティーに招いたりして、交流することに慣れていました。それから妻が盲学校に勤めている関係で、子どもたちも、目の見えない人の手を引くとか、目の見えない人との交流にも慣れていました。だから、モハメド君受け入れの話は、みんなおもしろいじゃないかと喜んで、すんなり決まったんです。

四月初めに入学したばかりのモハメド君が、受け入れ先の国際視覚障害者援護協会の人と一緒に挨拶に来ました。その時から、日本語の日常会話は普通にできましたよ。二人ともすごく緊張していて、モハメド君は、「皿洗いでもなんでもやるから置いてください」みたいなことを言いました。「皿洗いなら目が見えなくてもできます」と言ってね。皿洗いなんかやらせたことありませんけど、マッサージはやってもらいました。「おい、マッサージやってくれ」って、しょっちゅう。モハメド君のマッサージはうまいですよ。

K　モハメド君の部屋は、空いていた二階の北東の角部屋で、ベッドとラジオとカセットテープレコーダー、それから、机が置いてありました。

Y　ある初冬の日、夜の九時ごろ部屋のドアを開けたら真っ暗でね。試験の前日だというのに、ベッドで布団かぶってるんですよ。「勉強しなきゃいけないのに、何やってんだ」と、私、叱ったことがあるんです。そしたら、布団の中で点字をたどって本読んでたんです。モハメド君は、目が見えないから、暗いとか明るいとか関係ないんだよね。寒いから布団かぶって、中で点字を読んで勉強してたんですよ。あれは、悪いことをしました。

長男と打ち解けるのには時間がかかりませんでした。金曜日に長男が盲学校まで迎えにいって、一緒に帰ってきたり、仲よくしてました。次男はモハメド君が来たころ、ちょうど反抗期であまりしゃべりませんでしたが、そのうち仲よくなって、今ではみんな、親しくしています。

K　モハメド君が見えないから、気を付けたことと言ったら、おふろのシャンプーとか、いろいろ、ものを置いた場所をできるだけ変えないとか、階段なんかにものを置かない。邪魔になるようなところにものを置かないようにする、ということですね。

Y　文化の違いからの戸惑いや苦労は、ほとんどなかったです。一つあるとしたら、時間の感覚かな。モハメド君は時間に遅れがちで、しょっちゅう「急げ、早くしろ」って、言ってましたね。時間は守らなきゃいけないんだって何度も言いました。そこは文化的な違いだったんでしょうね。そのほかは、特に問題なかったし、困ったことなんかありませんでしたよ。モハメド君のほうは、雪を知らなかったということで、雪道を歩くのなんかは苦労したみたいです。

K　イスラム教徒ですから、食べものは注意する必要があります。献立は、魚料理を多めにしました。手巻き寿司が大好きなので、たびたびメニューに取り入れてました。モハメド君だけが特別メニューじゃなくて、うちじゅうみんなでよく手巻き寿司を食べました。盲学校の給食もね、魚を多めにしてました。もともと福井はお魚がおいしいですから。これも、モハメド君だけじゃなくて、みんながそれを食べてました。

Y　手巻き寿司はうまそうに食べてましたよ。わさびも入れてね、辛いのは大丈夫だけど、辛さが違うって言ってました。魚は何でも食べるし納豆も食べるし。辛いのが好きだろってわさびをたくさん入れたら、涙を流して食べてました。うれしかったのかな（笑）。

豚肉を出さないように注意して、カレーを作る時も豚肉を入れないように、ラードも使わないように心がけました。それさえ注意すればいいだけなんで、バーベキューなんかもしましたよ。鶏肉や牛肉は大好きで、喜んで食べていました。

K　ホームステイの受け入れは、モハメド君が卒業するまで続けました。ただ、一時期、次男が高校受験を控えたころ、荒れた時期があったんです。次男は当時、大人の社会全体に反発していて、親子げんかも絶えませんでした。それを見ていたモハメド君が、家族の一員として間に入ったりしてくれたこともあったんですけれど、これはそれどころじゃないと気を遣ってくれたらしく、隔週で別のお宅にお世話になって、うちも隔週になった時期がありました。

Y　モハメド君は、私がおやじギャグやダジャレの手ほどきをしたと言ってくれますが、もともと、そういうのが私は好きだったんですよ。「ラーメン知ってるだろ、ラーメンは、一本だとラーマンって言うんだ」とかね、いろいろ言ってました。英語のmanとmenの応用ね。息子たちに言うと、しらーっとされていたんですけど、モハメド君はよく聞いてくれて、時々、二、三秒考えてから笑ってくれたりしました。

そのうち、モハメド君は、野球の実況中継が好きになって、広島カープのファンになりました。駅のアナウンスも好きで、よく上手に真似してましたよ。福井には、NHKのほかにAMラジオの民放は一局しかないんですけど、その民放が好きでした。

K　私は盲学校でもモハメド君を見かけることがあったんですが、いつも、友だちと仲よく楽しそうにやってました。給食もみんなと一緒におしゃべりしながら食べてました。勉強はよくできるし、学校では何の心配もありません。私も学校では普通の生徒の一人として接してました。週末、うちに来ると家族ですけどね。

Y　日本語はどんどんうまくなって、早口になってね、よく勉強して語彙も豊かになりました。福井弁も得意ですよ。演歌が好きで、日本語の歌もよく歌ってました。あれで発音がよくなったんじゃないかと思います。

でも、二階で日本の文学作品の録音テープを聴いていたとは、知りませんでした。言葉について質問してくることは多かったです。モハメド君が来る日は、食卓に和英辞典を置いておき、日本語での説明が難しい時は、英語の単語で言い換えて説明してました。

漢字をどう書くのかというのも、よく聞いてきました。熟語は、上下入れ替えるとまったく別の意味になることが少なくないので、たとえば「物置」が出てくると「置物」も教えたりしました。そういうのを教えると、喜んでくれましたね。

モハメド君はとにかく頭がいいから、なんでもよく覚えました。盲学校も首席で卒業したんですよ。ハルツーム大学法学部って言ったら、日本で言ったら東大法学部みたいなもんでしょう。もともとの頭のよさが違うんですよ。我が家のできのいい長男です。

K　モハメド君が、卒業して出ていく時、「お世話になったお礼をしたいけど、何をしたらいいだろうか」と言いました。私は、「何もいらないけど、私たちがしてあげたことでよかったと思ったことがあったら、今度はモハメド君が別の人にしてあげてください。それが一番うれしい」と言いました。そしたら、

長男アブディンが加わり、三兄弟となった荒川家

人のためにってNPOを作ったでしょ。スーダンの視覚障害者の支援団体ですね。こういう話を聞くと、うれしいですよ。

Y　モハメド君が福井を離れてからも、ゴールデンウィークに私たちが訪ねていったり、モハメド君がこっちに里帰りしたりして、交流は続いてます。

　私は福井工業大学で教職課程の授業をもっているんですが、モハメド君をゲスト講師に招いて、日本の教育や福祉について話してもらったこともあるんですよ。モハメド君は学生たちに向かって、盲学校やその後進学した大学の手厚い配慮や指導に感謝を示し、「子どもの将来にチャンスを与えるのが教員の仕事」だって、力を入れて話してくれました。

二〇二〇年八月四日（聞き手　河路由佳）

第三章

コンピュータに出合う

筑波時代の「革命」

――アブディンさんは今、パソコンを使って書いていますね。パソコンでの読み書きは、どんなふうに学んだんですか。

福井の盲学校では、点字を使っていて、パソコンはほとんど触ったことがありませんでした。ただ、ホームステイ先の荒川さんの息子さんが、持っていたパソコンを譲ってくれたんです。Ｗｏｒｄの使い方をちょっと教えてもらいましたが、開いても保存の仕方が分かりませんから、保存もしないでそのまま閉じたりして、使えていたとは言えません。また、音声読み上げソフトを入れてみたんですが、使い方がよく分かりませんでした。でも、パソコンはしゃべるんだということが分かって、がんばれば使えるんだろうなという感触を得ることができました。それだけでも、ちょっとおもしろかったですね。

その時は半年後の鍼灸の国家試験のことで頭がいっぱいで、それ以外のことを考える余裕がありませんでした。合格するためには猛勉強が必要で、必死でしたから、パソコンに時間をかけることはできなかったんです。せっかくパソコンが使える環境は整ったにもかかわらず、宝の持ち腐れというか、豚に真珠というのかな。この時は全然使うことができませんでした。先生方も、国家試験の勉強をしろと、そちらばかり熱心でした。

――そのころは、卒業後の進路をどう考えていたんですか。

そのころ、自分で言うのはあれなんだけど、ぼくは成績がよかったんです。それで、盲学校の先生はぼくに、筑波大学の鍼灸の教員養成施設（筑波大学理療科教員養成施設）への進学を勧めました。東京の茗荷谷《みょうがだに》にあって、全国の盲学校から優秀な人が進学するところです。がんばって鍼灸を勉強して、これで治療ができるんだという実感はありましたから、もっと専門性を高める勉強ならしたかったんですが、そうではなく、先生の資格を取るための学校でした。ここで二年間勉強すれば資格が取れて、盲学校で教えられるようになります。恩師の窪田先生は、ぼくにそこに行ってほしかったんです。先生になってスーダンで鍼灸を広めるよう言われましたが、ぼくは興味がもてませんでした。なぜかと言うと、スーダンでは、鍼灸は盲人にやらせないことが分かってたんです。その制度を、ぼくが変えていける自信もありませんでした。医者ならば医療行為としてやってもいい、ということにはなっていますが、視覚障害者として日本で資格を取って帰っても、スーダンではできません。教えるなら日本の盲学校しかないんです。でも、盲学校の先生の職は空きがないと求人が出ませんから、就職できるかどうかも分からないじゃないですか。将来の選択肢がものすごく狭まってしまう気がして、二の足を踏んだというか、一歩を踏みだすことができませんでした。盲学校には大変お世話になり、窪田先生のお気持ちは大事にしたいと思いましたが、ぼくは鍼灸を人に教える自信もなかったし、別の進路を考えたいと思いました。

本心では、ぼくは当時から、日本の普通の大学で勉強したかった。挑戦したかったんです。進学担当の先生にいろいろ相談しました。いくつかの大学に魅力的なプログラムがあるのを見つけましたが、それを知った時には、もう出願期間が終わっていたり、準備が間に合いそうになかったりして、断念せざるを得ませんでした。それで、窪田先生が、将来何をするにしてもパソコンの勉強はしたほうがいいと言って、茨城県つくば市にある筑波技術短期大学*を紹介してくれました。パソコンが声を出してしゃべるのはおもしろいと思っていましたし、パソコンを勉強するのも悪くないかと、その大学に挑戦したんです。

十二月に受験して、無事合格し、進学が決まりました。
筑波技術短大は、障害者のための三年制の高等教育機関です。視覚障害者のためには鍼灸、情報処理のコース、聴覚障害者のためには建築やデザインのコースが用意されています。ぼくは情報処理のコースを選びました。

――福井を離れて、筑波技術短期大学に入学してみて、いかがでしたか。

ぼくが入った視覚障害者のコースでは、クラスメート十人のうち四人が全盲で、あとは、弱視でした。けっこう見える人もいました。パソコンの「いろは」から教えてもらえるかと思ったら、そうではなくて、ある程度パソコンが使えるのが前提のカリキュラムでした。
ぼくは盲学校で鍼灸を学ぶ理療科を卒業しましたが、ほかの人は普通科を卒業していて、そちらでは情報リテラシーの授業があったらしいんです。あるいは課外でコンピュータクラブのような活動をしたりして、コンピュータに親しんでいて、すでに基本を知っている

＊二〇〇五年、筑波技術大学短期大学部に移行

ようでした。

ぼくは、キーボードのキーの位置や音声読み上げソフト固有の環境をやっとの思いで覚えたのですが、本当は、入学した時点で、すでにそれを身につけていなければいけなかったんです。大学としては、その先のプログラミングや情報処理を教えるのが目的ですから。そうは言っても、できない人もいるということは理解してくれていましたから、ぼくみたいな人が排除されることはなかったんですが、足を引っ張る感じにはなってしまいます。そのうち、授業は数学の記号のようなものがたくさん出てきて、どんどん進んでいくので、どうにもついていけなくなりました。

この時、ぼくはすでに日本語能力試験の一級に合格していましたし、日本語が分からないから分からないんじゃないんです。内容が理解できないんです。言い訳ができないのは心細いものでした。それで、すっかり落ち込んでしまいました。

そういう事情があったので、じつは、筑波時代にはあまり明るいイメージがないんです。でも、改めて思うと、筑波でコンピュータが使えるようになったこと、これは革命です。

それまでは原稿を頼まれて書く時も、点字で書いていたんです。点字関係のところからしか原稿の依頼がなかった、という事情もあります。たとえば、協会経由で原稿依頼が来る場合など、点字で書くことが前提とされていました。注文が点字用紙一枚とか、二枚程度というように、点字のイメージで伝えられます。

福井時代、ぼくは、日本語の点字で読み書きができるようになりました。これも革命です。そもそもスーダンで点字に出合い、点字によるコミュニケーションができるようになったのが、ぼくにとっては革命的なできごとでした。そして、ついに、ここに至って、コンピュータを使って、点字ではなく、一般に使われている文字が読み書きできるようになったというのは、画期的なことでした。

スーダンにいたころ、点字を知る前は、自分の存在自体が、完全に「囚人」だったんです。そう、牢屋に入れられてる囚人です。刑務所の中は隔離されているじゃありませんか。点字ができない時は、文字によるコミュニケーションから隔離されていますから、囚人と同じ気持ちでした。でも、点字ができるようになったら、変なことを言うようですけど、刑務所から出て「自宅待機」になったような気持ちになったんです。自宅待機になると、許可が出た人には来てもらえるじゃないですか。その人たちとだけはコミュニケーションがとれます。点字ができるようになると、それと同じように、目の見えない人や、見えても点字ができる人たちとは、文字によるコミュニケーションができるようになりました。

でも、すべての人とできたわけではありません。それが、パソコンが使えるようになったら、もう完全に自由になりました。誰とでも、文字で自由にコミュニケーションをとることが可能になったんです。世界が変わりました。メールを打ったり、インターネットで情報をすぱっと見たりできるようになったんですから。

それまでは、点字では瞬時にリアルタイムの情報を得ることはできませんでした。じゃあどこで情報を得るかと言ったら、ラジオとテレビでしたが、どちらも受け身じゃないですか。自分から求めていない情報も入ってきます。でも、自由に調べられるようになると、必要な情報を選んで読むことができます。それは、すばらしいことだと思いました。ただ、今になって冷静に考えますと、狙っていない情報が入ってくる状況も、そう悪くなかった気がします。ラジオを長く聞いていると、不得意な分野の情報まで入ってきますから、バランスがよくなるんです。能動的にネットで検索して情報を得るようになったら、ほしい情報だけを得て、それ以外を排除するようになりましたから、情報が偏るようになったということはあるように思います。改めてこう思い出して比べてみると、意外に評価しづらいです。好きなことしか知らないというのは問題ですね。まあ、でも、それは贅沢な意見です。

自由に情報を選ぶことができるようになったのは、革命的なことだというのは間違いありません。ただ、遠回りして本を読まないと入ってこなかった情報が、ネットでピンポイントの情報として簡単に手に入るようになると、肉付けを省くことになるわけです。ピンポイントの情報ばかり集めていると、人間ってつまらなくなるような気がします。何か大事なものがそこにあるんですよ。肉付けって大事じゃありませんか。その肉付けができない、関節の中の液がなくなったみたいな感じですね。これは注意しなければ、だめだと思います。

結局、ぼくは筑波に二〇〇一年四月から二〇〇三年三月まで、二年間いました。大学は三年制ですから、卒業はしていません。二年間ちゃんと勉強したかというと、それも違うんです。プログラミングなどは全然分からなくて、二年目の最初から、ここでの勉強の継続をあきらめ、社会科学系の大学を受験しようと決めました。そうしたらもう、学校の勉強に力が入らなくなってしまったんです。コンピュータリテラシーの面では、そのころまでに、文章の読み書きやインターネットのサーフィンができるようになっていました。情報処理の専門家のレベルではなく、一般ユーザーとしての技能です。大学側が期待していたレベルではないんですが、ぼくにはそれがとても大きな達成でした。

このころ、勉強以外に、筑波大学のフォルクローレクラブに所属してボンゴ*を叩いたり、チャランゴ**を弾いたり、日曜日にはブラインドサッカーを楽しんだり、夏休みにはマッサージのアルバイトをしたり、いろんな楽しみを見出していました。フォルクローレクラブは、駅前で演奏しているのに遭遇して心を惹かれたもので、ぼくもやりたいと申し出て仲間に入れてもらったんです。演奏会に出たりして、楽しかったです。楽器はこの時に初めて習いました。ブラインドサッカーに出会えたのも、よかったです。子どものころからサッカーをやっていましたから、サッカーは得意なんです。

筑波から東京へ

——大学の受験計画は、どのように進めていったんですか。

授業が分からなくなって落ち込んでいましたが、いつまでもこれではだめだ、なんとかしなければならないと思って、現実逃避するようにインターネットで、ぼくに向いている大学はないかと探していました。ちょうど二〇〇二年の日韓ワールドカップがあり、サウジアラビアの代表チームが調布でキャンプをしていたんですが、関連イベントでボランティアを募集しているのを知り、ぼくも応募したんです。そのボランティアに東京外国語大学（以下、外語大）のサッカー部の学生たちも参加していて、その時初めて外語大の存在を知りました。そこで知り合った学生が、サッカー部にぼくと同じ広島カープファンがいると言って、紹介してくれたのがK・Yです。K・Yとぼくは、知り合うなり、相模原《さがみはら》の球場まで広島・横浜戦を一緒に観に行って、すごく仲よくなりました。今でもよく連絡を取り合っています。彼から外語大の話を聞いて、おもしろそうだなと思って、この大学を受験することにしたんです。

そこで、受験に必要だとされている日本留学試験の準備を始めました。盲学校の後輩に、日本の高校の国語や社会の点字教科書を送ってもらって勉強しはじめたら、思いのほか楽しくて、前向きの闘争心が復活してきました。知り合った筑波大学の大学院生に、公民や政治経済、日本史を教えてもらったんです。日本史の勉強は、特に明治維新の前後がおも

＊キューバの民族楽器で、大小の片面太鼓をつなぎ合わせたもの
＊＊アンデス地方の民族楽器。ギターに似た形の四十〜六十センチメートルの弦楽器

しろくて、わくわくしました。ぼくは二十四歳になっていましたが、今度こそ、自分が得意な勉強がしたいと思って、受験勉強に真剣に取り組みました。それで無事合格して、外語大に入学することになったので、筑波技術短大は中途退学したんです。

——難しい試験をよく突破しましたね。入試は点字で受験したんですか。

そうです。試験は英語が一番難しかったです。ぼくが本格的に点字を使うようになったのは日本に来てからで、ほとんど日本語の点字ばかりでしたから、英語の点字は読み慣れていなかったんです。留学生なら英語が一番簡単だろうと思われるかもしれませんが、実際には逆でした。

——入学してからの大学生活はいかがでしたか。視覚障害者の学生は少ないから、何かと苦労があったのではないでしょうか。

いや、外語大は、ほんとによく環境を整えてくれたんです。サポートがあまりない大学もあると聞いていて、それは深刻な問題ですから心配でしたが、その点で外語大は最高によかったです。ぼくが必要なものをしっかり要求したのもよかったんです。十ほしかったら十二まで言わなければならないと思います。たまにしか使わないものであっても、使う時は使うんだから、きちんと言わないと、遠慮していては相手に何も伝わりません。ぼくは、使う可能性のある機械や必要な環境を全部挙げて、きちんと要求しました。パソコンや音声読み上げソフト、テキストを点字にする機械。それから、スキャンしたり点字にしたりするのに使う部屋、それをするために週四日程度来てくれる職員。外語大は一つひとつぼくに確認して、必要なものを全部用意してくれました。

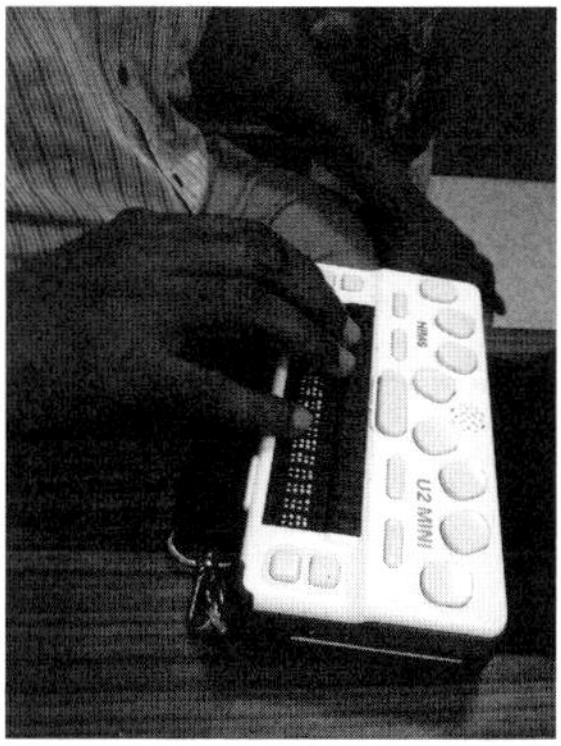

レジュメをブレイルメモで読む様子

ここにある機械は、テキストデータを点字に変換するものです。点字にする時に漢字を読み間違えてしまうこともありますが、この機械にテキストを入れると、すぐに触って読める点字になります。「ブレイルノート」とか「ブレイルメモ」とか、商品名はいろいろあるんですけど。韓国の製品ですが、日本語にカスタマイズされています。

――授業に関する資料も、そうやって点字にして読んでいたんですか。

授業用の配布物や教科書は、事前に渡してもらえると、補助の職員がスキャナーにかけて画像ファイルにして、その画像から専用のソフトを使って、テキストデータに変換するわけです。一文字一文字確認して直さなければならないので、時間がかかります。でも、テキストデータにしてしまえば、点字にするだけでなく、読み上げソフトで聞けるようにもなります。授業によっては資料が直前に届いたりもしますから、そういう時は対応が厳しかったですけど、事前にもらえると授業の準備ができて助かりました。資料をテキストファイルでくれた先生もいました。これなら、すぐに読めるので一番ありがたいんです。先生によっては、どうやったらぼくが分かりやすいか、いろんなことを試してくれて、「どっちがいいですか」と聞いてくれたりもしました。どうやってぼくが読解するか、先生のほうでも興味があったのかもしれません。

――音声読み上げソフトで読むには、テキストデータが必要なんですね。

ええ、テキストデータさえあれば、何でも音声読み上げソフトで読めますよ。デイジー*の場合は、この専用の機械で再生できます。「プレクストーク（PLEXTALK）」といって、本の中にブックマークを付けたり、章ごとに移動したりすることができるんです。十分後とか、開始位置を指定して聞くこともできますよ。この機械は四万円とか八万円とかする高価なものですから、専用のアプリを作るべきだと思うんですけどね。

最近は、仕事に関係のある本を優先しますから、文学ではないものを読むことが多いです。気に入ったものをダウンロードして、フォルダに分けて整理してあります。今は伊藤《いとう》博文《ひろぶみ》に興味をもっていますから、「伊藤博文」というフォルダも作りました。いろんな本の中に入って「伊藤博文」を検索して、関係する箇所を探して読んでくれるんです。いろいろ関心のある話題別にフォルダを作って整理しておくことができます。

* DAISY（Digital Accessible Information System）は、視覚障害者や一般の印刷物を読むことが困難な人々のためのデジタル録音図書の国際標準規格。その規格に則ったものを「デイジー図書」と呼んでいる。

——なるほど。ところで、音声読み上げソフトは、テキストのカッコなどの記号を、どう処理するんでしょうか。

記号を読ませるか読ませないか、あるいは一部だけ読ませるか、選択することができます。テン（、）とマル（。）は読まないが、カッコは読む、そういった指定ができます。全部読ませると「○○○○　テン　○○○○　テン　○○○○　マル」というように、全部、音声で言いますから、かなりうるさいんですよ。流れが崩れるんです。「カッコ」もそうですね。「カッコ」って言われた途端に、文章の流れが切れてしまいます。たーっと流れてきた文章に、ぱっと、段差ができるみたいになるんです。だからぼくは、記号類は読ませません。聞いていて、なんか流れが変だなと思った時に、前に戻してから記号を入れて確認することはありますけど。

カッコとか山カッコとか、普段聞いていませんから、ぼくの頭の中にはないんです。だから、論文を書く時に苦しんだりします。カッコなしで済ませられるなら、そのほうがいいんですが、論文では「この言葉は特別な意味で使っていますよ」ということを、きちんと書かなければならない場合もあります。

エッセイを書く時は、まあ、記号の使い方や改行、一行空きなど、見た目は編集者に任せます。最近ちょっと、ここで一行空けたりしたいなと思う時もありますけど、見た目には、ぼくはあまりこだわりません。

——読み上げソフトは漢字を間違って読むことがある、との話でしたが、振り仮名はあったほうがいいですか。

振り仮名は、ぼくたちにとっては、邪魔になることがあるんです。振り仮名が多いと、スムーズに読めなくなるんですよ。読み上げソフトが読むのはテキストファイルですが、それだと、振り仮名がカッコの中に入っていて、該当する言葉のあとに来ます。たとえば、「学校」に「がっこう」とルビが振ってあったとすると、読み上げソフトは「がっこう、カッコ、がっこう、カッコとじ」と読むことになるわけです。これは邪魔ですね。機械的に音声にして読む時、同じ音声が繰り返されることになりますから、振り仮名が多いと、ほんとに聞きづらいので、ぼくは苦手です。

でも、読み上げソフトが最初に漢字を読み間違えた時には、便利でしょうね。「大冠《おおかんむり》高校」の名前を読み間違えた時なんか、振り仮名があったら、「だいかん、カッコ、おおかんむり、カッコとじ」という具合になりますから、こういう場合は振り仮名によって正しい読み方が分かるわけです。ですから、読みにくい専門用語などが初めて出る時はあってもいいと思いますが、あとは邪魔です。大事なところだけにしてもらいたいです。

振り仮名は、点訳する人のためには、あったらありがたいですね。そうすると読み間違いによる点字の誤りはなくなります。特殊な読み方とか、混同しそうな言葉、それから、専門用語の場合、その言葉が初めて出る時は、特に点訳者のためには振り仮名が参考になると思います。正しく点訳されたら、ぼくたちには、もう振り仮名は要りません。

――図やグラフなどが出てきた時はどうやって理解するんですか。

図は、見える人に説明してもらうのが早いですね。何ページにあるかを教えてもらって、その図や地図はどんなもんですか、と聞いて教えてもらいます。

パソコンの効能

——ところで、アブディンさんは国際政治を専門とされていますが、これはいつ、どんな考えで選んだんですか。

学部の二年生の時に所属するゼミを選び、そこで卒論を書くことになっていました。好きな日本文学の勉強にも魅力を感じていたんですが、国際政治にも興味があって、迷ってたんです。そうしたら、二〇〇五年一月、スーダン政府と人民解放軍の間で和平協定が結ばれたというニュースが飛び込んできました。これを聞いた時、やっと平和が訪れるのかと、感動で涙が出ました。それをきっかけに悩みが消えて、ぼくは迷わずアフリカ地域研究ゼミへの進学を決めたんです。スーダンの南北紛争のことを、いろいろ調べてみたいと思いました。歴史的経緯も知りたいし、現状も調べたい。そして、今後どういう方向に向かうのか考えたいと思いました。卒論で南スーダンの現状を扱って、さらに研究を深めたくなって、大学院進学を決めたんです。

――大学から大学院へ進んで、研究者になるまでに成長できたのも、パソコンのおかげですね。

そうですね。二十数年前には、パソコンはうんともすんとも言わなかったわけです。当時は読めるとしたら、せいぜい点字でしょう。自ら普通の文字によるコミュニケーションはできないし、点字にするまでも時間がかかったわけですね。今、ぼくが読んだり書いたりできるのは、すべてパソコン経由です。前は人に読み上げてもらわなければならなかったけど、今は自分でできます。論文や本も自分で書けます。

でも、ぼくは本のページを繰る音が好きなんです。子どものころ教科書を読んでもらうのを聞きながら、音の感覚で、ページの右上のほうに書いてあるとか、位置を想像してたんですよ。そうすると中身を覚えるのに便利なんです。で、ぼくが「二ページ先の右側の上」と言うと、実際そうだったりします。ほかにも、「ちょっと十秒前から読んでもらっていいですか」とか言うと、相手は「何を言うんですか」ってびっくりしますけど、そのとおりにすると、探している情報があります。これは慣れなんです。

機械はとても便利ですけど、ページをめくりませんから、ページの左右や上下など位置の情報がありません。だから、あまり愛着がもてないんです。盲学校にいた時に読んだ、生理学や解剖学のちゃんと製本された本は、今でも「あの辺にあの情報があったなあ」というイメージがあるわけです。コーヒーをこぼしたページがちょっと硬くなっていたりして、そういうのも記憶の手がかりになるんです。

だから、電子のデータよりも、アナログのデータのほうが、しっくり来ますし、「オレは今、読書してるんだ」という、普満たされなかった感情や欲求を満たしてくれる感じがするんですよ。点字の本は普通の本よりずっと分厚くなりますから、普通の本の一冊でも点字にすると何冊にもなって、一冊を読破した時は、やっぱり大きな快感が得られます。それを味わえてよかったなと思います。パソコンは、もちろん、革命的で、すごいんですけど、点字だけの時期があったのも、なんて言いましょうか、悪くない思い出です。

——パソコンを使うことによって変わったことは、ほかにも何かありましたか。

漢字の判別をよくできるようになったのも、やっぱりパソコンを使うようになってからです。ノートパソコンですが、文字を入力する際に、「詳細読み」というコマンドで、音声で漢字の説明をしてくれます。たとえば「河路先生」なら、「カセンのカ、ドウロのロ、センタンのセン、セイカツのセイ」というように。漢字ごとに、どういう意味の漢字かが分かるんですね。漢字を使った日本語の読み書きは、パソコンのおかげで、できるようになりました。

それから、英語も、今けっこう使っています。英語は中学校から習っていたんですが、日本に来てから上達しました。大学では英語の論文をたくさん読みますから、スーダンにいても、大学で勉強するなかで英語の力をつけただろうと思いますが、ぼくはそれを日本でやりました。

外語大では、日本語だけでなく、英語もサポートしてもらう必要がありました。英語の点訳も必要になったわけです。入学した時ぼくが要求した補助の職員として、調布の点訳ボランティア団体から、週四日、四人の人が代わる代わる来てくれていました。最初は点訳してくれていましたが、途中から点字が間に合わなくなって、テキストデータにすることになったんです。同じボランティアの人たちがそのまま継続して、途中から英語にも対応してくれるようになりました。最後まで、同じ人たちがずっとサポートしてくれたのは、ありがたかったと思います。

——やはり点字にするほうが時間がかかるわけですね。アブディンさんにとっては、音声読み上げと点字だったら、どちらがいいんでしょうか。

ぼくは今、主として音声読み上げソフトを使って本を読んでいます。点字はたまにしか使いません。以前、点字図書館から借りていた小説の朗読テープは、実際に朗読ボランティアの人が読んだものでした。小説の朗読を聴く時は、人間の声がいいと思います。でも、学術的な文章やニュースは機械音声で何ら問題ありません。

でも、点字が必要な時もあります。たとえば、自分で作ったレジュメを電車の中で読む時なんか、音声を出力しながらでは不便ですから、点字で触るほうが便利です。それから、なかなか頭に入ってこない難しいもの、たとえば論旨がクリアとは言えない論文とか、複雑なもつれた内容を扱っている文章などは、音だけで聞くと分かりづらいので、点字でゆっくり、何度も繰り返して読んだりします。

――なるほど。そのように音声と点字の使い分けをしてるわけですね。

点字はすばらしいものです。ぼくの場合、音声で聞くことを主にしていますが、点字で読み直さなければならないものもあって、そういう時に耳で聞く限界を感じるわけなんです。耳で聞くというのは、こちらの理解に関係なく、向こうのリズムで流れていきます。その点、点字は指でたどりながら、あれ、どうかな、と思えば、戻ってみたり、ちょっと速度を速めてみたり、自分のリズムで読むことができます。ですから、やっぱり、併用して適宜使い分けるのが便利です。

目と耳が不自由な盲ろうの人は全部点字で読むしかないので、日常生活用品としてブレイルノートを支給している自治体もあります。でも耳が聞こえる視覚障害者の場合、点字以外の選択肢もあるということで、ブレイルノートが支給されることはありません。視覚障害者にも支給すべきだと、ぼくは思っています。

――ニュースは音声読み上げで聞いているのでしょうか。

ええ、ニュースはインターネットで、流し読みでいいですからね。視覚障害者がニュースを読みやすくするためのソフトがあるんです。いろんな媒体のニュースがまとめてあって、読みたいものに簡単にたどりつけるように設計されています。野球のニュースなど、リアルタイムでいろいろ聞けるのはいいですね。

ぼくは、しんどい時は、ネットニュースに逃げ込むことが多いです。原稿を書かなければいけない時に、「とりあえず何が起きてるかチェックしなきゃ」とか言って、相当の時間、ずっと聞いています。これは逃げです。間違いなく。

家で何もしていない時でも、家族に「何もしていない」と思われるのは嫌ですからね。イヤホンをして聞いていますから、何を聞いているか外には聞こえません。ま、最新のニュースを知っていると授業の時にも役立ちますから、仕事にまったく関係がないわけでもありません。特に国際情勢は関係があるんですけど、清宮《きよみや》のホームランはあんまり関係ないですね(笑)。

あと、最近おもしろいのがアイフォンです。パソコンでできなかったことが、できるようになっています。アクセシビリティの音声ソフトが、日本語も英語もアラビア語も、必要に応じて自動的に切り替えて、その言語で読んでくれるんです。特別な設定をしなくても、この機能は標準的に搭載されています。ぼくのフェイスブックは、デフォルトは英語にしているんですが、友だちが日本語とか英語とかアラビア語とか、いろんな言語でコメントしてくれるんです。それを、アイフォンは適宜その言語で読んでくれます。すごいでしょ。

読めるものと読めないもの

——パソコンやアイフォンなどの機器によって、いろいろな障害が克服できたわけですね。

そうなんです。ただ、研究者としては、読む量が圧倒的に足りません。

「サピエ」という視覚障害者のためのウェブサイト*に会員登録してあって、そこからデイジー図書をダウンロードしています。毎年五千円の協力金の依頼が届きますが、払わなくてもサービスは受けられるしくみです。ただ、専門書が少ないんです。欲しいものをリクエストすることはできますが、できあがるまでには時間がかかります。元の本のページ数が書かれてないのも困ります。ページが分からないと、論文に引用しにくいんですよ。ですから、読み物を楽しむにはいいですが、研究のために満足に使えるとは言えません。

言い訳がましいところもあるかもしれませんが、論文を書く時は、まず自分が書くテーマに関連した論文を読んでまとめて、それから自分の書くべきことを洗い出すようなことをしますよね。書く前に、かなり読む作業があるわけです。その時に、あれもない、これもないとなると、やる気が殺《そ》がれて、それで工事中のまま止まってしまうことがあります。話題の本が出た時にも、読みたいと思ってもすぐに読むことはできなくて、タイミングが遅れるとモチベーションが下がって、結局読めなくなってしまうこともあります。専門書については特に深刻です。

英語の場合は、ちょっと事情が違っています。アメリカの教育省が作っている「ブックシェア」＊＊というウェブサイトがあって、視覚障害者であることを証明すれば、外国人でもお金を払ってアクセスできるんです。点字にもできるし、テキストデータとして手に入れ

＊ https://www.sapie.or.jp/cgi-bin/CN1WWW
＊＊ https://www.bookshare.org/cms/

ることができて、音声化することもできます。ただ、アメリカ国内からはすべてのコンテンツにアクセスできるんですが、日本にいるぼくがアクセスできるのは一部だけです。専門の本が全部あるわけではありませんが、それでも日本語の本とは比べ物にならない分量だし、出版されたとおりのページがついています。そうすると論文などにも引用しやすいわけです。

――ページが書かれていないと、たしかに不便ですね。そういう時は、何ページか誰かに探してもらうんですか。

そうなりますけど、面倒くさいんですよね。だから、論文がしょぼいんですよ。本当は先行文献を読んだあとで、ここまではすでに議論されている、分かっている、ということを確認してから、未解決のこととか、考えられていないこと、指摘されていないことといった「穴」を見つけて、それが自分の研究になります。まず読むことがとても重要なんですが、それを十分にできないまま、自分で思いついて一生懸命書きはじめてしまうことがあるんです。しばらくしてから、ぼくが思いついた同じ視点で、誰かがすでに書いていたって、ある時見つける。その時の、なんていうか、ずぼーっとした感じ。何か月かかけて考えてきたのに、これはもう、ぼくがやっても仕方がない。ぼくが最初からもう一度やる必要も意味もなかったんだって、愕然とするわけです。読んでおくべき先行研究を、きちんと見ておくことができなかったということです。これは、ほんとに困るんです。

大学ではオンラインの電子データを利用することができて、英語の論文なら全文載っています。でも日本語は全文は載せていないものも多くて、そういうのはすぐには読めません。

目の見えない人が読める出版物は、全体の二、三パーセントしかないと言われています。これは日本だけではなく、世界的な現象で、英語でbook famine（本の飢餓）と呼ばれます。研究する身としては、こんな二、三パーセントで勝負しろと言われても、難しいんです。点訳したりスキャンしたりするのも後追いになりますから。どの出版物も、出版された時点で視覚障害者も同じバージョンで読める、購入すればすぐに読める、という形にならない限り、これは解決できません。

デイジー図書は加工できますが、自分でデイジー図書にできるわけではありません。デイジーだって、そんなにたくさんはありませんしね。新しい本が出ても、まずデイジー化してほしいと希望を出して、あるいは、点字図書館のほうで決めてやってくれる本もあるんですけど、早くても二、三か月かかってしまいます。一年間でデイジーになるのは数百程度で、年間の出版物の量から見ると、極めて限られた分量です。必ずしも自分の関心のある本があるとも限りません。

——電子書籍はどうなんですか。

あれは、視覚障害者のことを考えてないんですよ。たとえば、キンドル*は目の見える人が操作することを考えて作られていますから、目が見えないと、操作もなかなかできません。キンドルに対応したアプリを使えば音声読み上げもできますが、やはりページ数は分かりません。技術的に、視覚障害者が使えるものにすることは可能なはずですが、作る側が見えない人のことを考えてないから、できないんです。それに、学術書はほとんどないので、ぼくにはあまり役に立ちません。

あと、出版社にお願いしたいのが、本を買って、本に付いたクーポンを送ればテキストデータをくれるというサービスです。障害者手帳を出して手続きするんですが、やってくれるのは一部の出版社だけです。テキストを渡したら使いまわされるかもしれないという懸念や、著作権の問題があるからですね。でも、本を買わないとクーポンは送れないんですから、それで十分じゃないですか。目の見える人も、買わずに図書館で借りて読むこともあるわけですから、そこまで目くじらを立てることでもないと思うんです。

テキストデータさえ手に入ったら、ブレイルノートを使って点字で読むことも、音声読み上げソフトで読むこともできます。パソコンならテキストをそのまま読み上げられて、すぐに引用もできますからね。試しに、一つ本を読んでみましょうか。（パソコンから読み上げ音声が聞こえてくる。）ほら、機械音声ですけど、意外に聞きやすいでしょ。音声は選択肢があって、自分の聞きやすいものを選ぶことができます。男性の声、女性の声、その中でもいくつかのバリエーションが用意されているんです。昔のいわゆるコンピュータの声という印象とは違うでしょう。アクセントなども聞きやすくなってきています。

電子書籍にはいろんなフォーマットがあるんですけど、音声読み上げソフトは、テキストの文字コードを読みます。だから、ＰＤＦなど、画像化されたデータは読めません。こ

＊Ａｍａｚｏｎの電子書籍を読むための専用端末Ｋｉｎｄｌｅ

れは、視覚障害者にとっての分厚い壁になっています。論文を読んで、そこに挙げられている五、六冊の本を読まなければと思っても、それをテキストデータにして読むのに半年くらいかかることもあるんです。見える人なら、すぐにどっかの図書館に行って、ぱっと、遅くても三日後には手元にあるわけですよ。あるいは、ワンクリックで電子書籍を買うこともできますね。ぼくには、それができませんから、全然歯が立ちません。

新たな挑戦

――学生時代、ほかに印象に残っているできごとなどありますか。

学部生の時に、スーダンの視覚障害者のために、点字を普及するNPOを立ち上げました。これはもともと、福地健太郎さんと出会ったのがきっかけです。ぼくは外語大、彼は筑波大学に入学したばかりで、ブラインドサッカーを通じて親しくなりました。彼は教育や国際協力に関心があって、話が弾み、スーダンの話もしました。

二〇〇五年に、ぼくがスーダンでお世話になったエルヌール盲学校のファルーグ先生から、点字を打つための道具、点字器と点筆が必要だから送ってくれないかという話があったんです。そこで、筑波大学の宿舎のやどかり祭でタピオカジュースを売って、その売り上げで点字器を買ってスーダンに送ったら、楽しくなってきました。できること、いろいろあるなあと思って。もちろん、活動は二人だけではできませんから、周囲の学生を巻き込んでやりました。やどかり祭の時はたくさんの学生が参加してくれたし、ほかにも、筑波大と外語大の学生が大勢、力になってくれました。

ブラインドサッカーも、自分でやってみると手ごたえがあって、目の見えない子どもたちにもやってほしいなあと思ったんです。それで、ブラインドサッカーで使う鈴の入ったボールも、スーダンに送りました。その活動が、朝日新聞に載ったんですよ。* これをきっかけに、いろんな人から寄付が届きました。最初、ぼく個人の口座に入れてもらったんですが、このための口座を別に作らないとまずいと思ったんです。それで二〇〇八年にNPOを作ることになりました。正式名称を「特定非営利活動法人スーダン障害者教育支援の会」といいますが、略称でCAPEDS（キャペッズ）と呼んでいます。

*二〇〇六年九月四日朝刊「天声人語」欄

――キャペッズの拠点は筑波なんですか。

そうなんですが、それにはもう一つ理由があります。NPOには事務所が必要なんですけど、当時住んでいた大学の寮ではだめだというので、つくば市に住んでいる友人の大森さんのご自宅を事務所の住所とさせてもらったんです。大森さんは、この活動に関心をもって、できることがあったらやりますよ、と言ってくれていました。心強かったです。

大森さんは、福井のホストファミリーの荒川さんが紹介してくれた方なんですが、筑波に来て以来、何かにつけてぼくや家族を支えてくれています。妻が最初に出産した時も、家族ぐるみで世話をしてくださいました。この団体の活動が軌道に乗ったのは、大森さんあってこそです。ぼくが日本で生活していくにあたって、たとえば、うちに届くいろんな書類を読んでくれたりもして、そういう面でも助かっています。アメリカでも仕事をしてきた人で、一見、普通の日本のおじさんに見えますが、そうではないんですよ。純粋で、あまりあれこれ気を遣わない人なので、ぼくが目が見えないってことも時々忘れるんです。一緒に歩いていたら、障害物があるのに教えてくれなくて、思い切りぶつかったこともあります。ずけずけ物を言う人で、「こんなのも分からないのか」なんて大きな声で言いますから、ぼくも「分かるんだったら、あなたは要りませんよ」と言い返すんです。人前で大声で怒鳴ると周囲の人がびっくりしますし、子どもたちの前で怒鳴ったりするのはやめてほしいとお願いしています。でも、人生の先輩でもあり、企業の経営コンサルタントをしている大森さんの、専門的見地からのいろんなアドバイスは、ほんとに頼りになります。

大森さんには、困ったことがあったら、何でも相談できるんです。普通、父親には何でも相談するということはないでしょう。お父さんには言わないこともありますよね。でも、大森さんには言えます。ある意味で、父親よりも頼れる仲のいい伯父さんといいましょうか。言いにくいことでも、ほんとのことを言ってくれますから、助かるんです。大森さんはぼくと一緒にスーダンに来たこともあるんです。ぼくの家に一週間ぐらい泊まりました。だから、スーダンのことも家族のことも分かってくれています。頼もしい存在です。

Column

モハメド君の思い出③

大森哲實さん

福井にいる親友の荒川さんからの紹介で、モハメド君が筑波に引っ越すんで面倒みてやってくれって言うんで、二〇〇一年四月ですね、筑波技術短大の寮に来たばかりの彼に会いにいったのが、最初の出会いです。

約束の時間になっても寮の一階ロビーに来ないんで、受付で電話を「モハメド」につないでもらって、「待ち合わせの時間なのに、どうしたんだ」って怒っていたところに、本人が現れてびっくりしました。この寮にはモハメドが二人いたんです。私が怒ったのは、別のモハメドでした。それが最初だったんで、モハメド君はびびったみたいですよ。私は関西弁の大きな声で怒鳴りますから。時間にルーズなのを叱ると、「スーダン・タイムは、約束の時間に家を出るんだ」と自慢げに話すので、「アホか」と叱りました。最近は約束の時間に遅れることはありません。

そのころは私も、まだ会社勤めをしてましたから、そんなに時間も自由にならないし、それほど頻繁に交流することもなかったんですが、二〇〇三年三月に退職して、自分の会社を作ってから交流が深くなりました。

六年間、アメリカで生活をしていた時の習慣で、うちではパーティーをよくやります。その時、必ずモハメド君を呼ぶんです。娘二人はアメリカ育ちで、下の娘がモハメド君と同い年ですけど、モハメド君のほうが日本語が上手です。

私の自治会の納涼祭に呼んで、モハメド君の人脈を広げるようにもしています。新しい人に会うと、自己紹介しますね。そういう時にモハメド君は、相手の名前の漢字を当てようとするんです。みんなびっくりしますよ。また、よく当てるんです。

短大生だったころのモハメド君は、楽しそうに見えましたよ。筑波大学の音楽サークルに入っていました。演奏会を聴きにいったら、モハメド君は打楽器を担当していて、リズム感も抜群で、主役級の活躍ぶりでした。ブラインドサッカーもやってました。仲間の学生たちを呼んで我が家でパーティーをしたこともありましたよ。でも、サッカーは試合を見に行ったことがないんです。行きたいと言うと、「大森さんはうるさいから来ないでくれ。ボールの鈴の音が聞こえないし、ゴールキーパーの後ろで叫ぶ人と間違うといけないから」と言うもんだから、行けないんですよ。

按摩がうまいので、「アルバイトとしてやってみる?」と聞くと「やる」って言うんで、モハメド君が家に遊びにくるたびに希望者を数人、我が家に集めてやってもらいました。モハメド君は上手ですからみんな喜ぶんですよ。記憶力もよくて、前に痛かったところを次の時も覚えているんです。按摩とマッサージは違うとよく言っていました。按摩はツボを押さえてほぐすのですが、マッサージは全体的に行うようです。

当時、コンピュータの勉強で困っていたとは、知りませんでした。あの時期はあんまり勉強の話は聞きませんでしたね。モハメド君は、弱音を吐かないんですよ。困っていたのなら、私に相談してくれたらよかったんですけどね。

外語大に行ってから、結婚して奥さんのアワティフさんが日本に来たでしょう。彼女が妊娠してた時、二か月半ほど、うちで預かったことがあるんですよ。あの時、モハメド君は大学院の博士課程の学生で、研究のためにイギリスに行っている間、妊娠中の奥さんが心配だと言うもので。アワティフさんが病院に行く時は、妻が付き添いました。アワティフさんは日本語があまりできませんから、うちでの会話は英語でした。モハメド君が帰ってきていよいよ出産という時に東日本大震災があって、安全のために九州まで行って出産したんです。大変でしたよ。

アワティフさんが一緒に暮らしていた時、妻は、彼女にスーダン料理を教えてもらって、みんなで食べたりもしました。妻は料理の先生で、料理はうまいんです。スーダン料理もすぐに身につけたみたいです。

モハメド君がうちに来ると、妻の焼いたパンや料理を「うまい、うまい」と言って食べるんですよ。それで妻も気をよくして、モハメド君が来るとはりきって料理を作ってパンを焼いて、おみやげに持ち帰らせたりもするんです。私だけだとやってくれない料理も、モハメド君が来ると作ったりするんです。モハメド君は、人をやる気にさせるんですね。

モハメド君は見えないから、家賃とか保険とかの関係の郵便とか、役所から来た通知とか、印刷されたものは自分では読めません。そういうのは私が読み上げます。それから手書きで書いて返事しなければいけないものは、私が代筆しています。モハメド君はコンピュータでの読み書きは自由にできますけど、それだけでは処理できないことがあるんですよ。月に二回ぐらい、私が行って確認して、手紙や書類を読み上げることは、彼の暮らしに不可欠なんです。

道に迷ったりした時も、大変です。アワティフさんは日本語が読めないから、どの道に来ているか分からない。モハメド君は、日本語は達者だけど、目が見えない。周囲の光景をアワティフさんに説明してもらおうとしても要領を得ないので、その辺に歩いている人に携帯で説明してもらわなければなりません。何か困ったら連絡するように言ってあり、連絡があったら駆けつけるようにしています。

モハメド君一家のことは、いつも心配ですよ。アワティフさんが子どもの送り迎えなどのために日本で運転免許を取ったと思ったら、交通事故を起こしたことがあります。事故やトラブルの時、彼らは強く主張しないので、私が彼らに代わって強く主張しています。あの一家に何かあったら、面倒みてやろうと思っています。

それなのに、一方で、私は、モハメド君が目が見えないことを、時々忘れるんですよ。付き添いで付いていったのに、うっかり先に帰ろうとして、モハメド君に「大森さん、どこ?」と叫ばれて、「そうやった、目が見えんこと忘れとった」って戻ったりね(笑)。

モハメド君がやっているNPO、キャペッズの会計なども私がやってます。NPOは役所とかとの連絡も多いんですが、お金がからんだりする事務作業については、印刷物のやりとりもあるんですよ。目の見えない人たちだけで処理するのは難しいんで、そういうところは私がやってます。

キャペッズのメンバーは、モハメド君をはじめ福地君とかムルタダ君とか、みんな目が見えないんです。集まりで目が見えるのは私だけということもありますが、書類のこともあるし、目が見える人が一人はいたほうがいいんです。終わってから食事に行く時には外を歩くんですが、モハメド君が後ろから私の肩に手をかけて、そのモハメド君の肩に次の人が手をかけて、さらに次の人、というように、縦に五人くらいつながって歩いたりするんです。周りからおもしろそうに見られます。

キャペッズは、はじめのころは活動が活発で、実際にスーダンでも活動しました。それが政治状況が悪化して、活動しにくくなったんです。もう活動をやめようかという話が出たこともありましたが、バシール政権が失脚して希望が出てきました。それで、彼らも、団体の継続を決めたようです。私は話し合いの時には同席するけど、意見はあまり言いません。モハメド君たちスーダン人がやりたいならやればいいし、やめたいならやめてもいい。モハメド君のやりたいことを支えるという姿勢でいます。彼らのやる気がすべてですから。

私は、モハメド君と一緒に、スーダンに行ったこともあるんですよ。飛行機では、モハメド君がトイレに行く時には付き添っていましたが、たびたび行くので、「一人で行け」と言ったら、帰ってこないことがあったんです。心配して見に行ったら、ＣＡと楽しそうに話しこんでいました。

スーダンでは、モハメド君のうちに一週間ほど泊まって、お父さんはじめ、ご家族と親しくなりました。お父さんやお兄さんとはよくお話をしましたよ。親戚も、友だちも大勢会いに来てくれました。育った環境や家庭も見て、彼への理解が深まりました。

モハメド君は、私の自慢の息子のようなもの

アブディンさん、妻のアワティフさんと大森さん夫妻

です。友人たちは、みな口を揃えて彼のこと、「すごい人だ」と言います。彼の日本語のうまさにはみんな驚きます。目が見えないのに、日本語をよく知っていて、漢字も古い諺も知っていますから。また、おやじギャグもうまくて周りを和ませてくれますよね。

これからも、彼が日本で力を発揮して、幸せに生きていけるように、必要としてくれる限りずっと面倒をみるつもりです。彼の三人の子どもたちの成長も楽しみです。

二〇二〇年八月十三日（聞き手　河路由佳）

第四章 文章を書く

書けなかったころ

――アブディンさんは書くことが好きで、日本語の書き手になったわけですが、日本語で書く前に、アラビア語で書いて表現することがあったんでしょうか。

まず申しあげておきます。ぼくは、小学校で目が見えなくなってから、アラビア語では一ページを超えるものを書いたことはありません。一ページ未満のものというのは、フェイスブックで友だちに向けて書くとか、そういった短いものは書いたことがあるという意味です。

――詩を書く、といったことは?

詩は書くんじゃなくて、声に出して言う、朗誦するんです。目の見えない兄はよく詩を作って、朗誦していました。

兄はいっぱい本を読んでいるんです。まあ、当時の兄の本の読み方は、友だちに頼んで音読させるんですけど。兄はよく、おこづかいを貯めて本を買っては、そうやって読んで、仕入れた言葉をたくさん使って詩を作りました。聞き手はぼくや友だちですが、「それは、誰の詩ですか」とぼくらが聞いたら、兄の勝ちです。世の中に知られている誰かの詩ではないかと思われたということは、それだけ完成度の高い作品だったと認めたことになるわけですから。兄は一時期、アラビア語の詩のリズムに乗せておもしろい詩をいっぱい作っていたんですよ。いい詩があったんですけど、全部忘れちゃいました。書かないで言っているだけですから、その場かぎりで消えてしまいます。

で、ぼくも負けるものかと思って、同じようにやりました。でも、そもそも、ぼくは兄と違ってアラビア語の本をたくさん読んでいませんでしたから、書き言葉の蓄積もなかったわけです。コーランを聞いたり唱えたりはしてますから、聞いて話す言葉はそれなりにいっぱいあるんだけど、書く言葉からは遮断されていた感じです。だから、ぼくの作った詩のレベルは低かったと思います。そもそも兄に対抗するために作っていたわけで、動機も目的も褒められたものではありません。

そうやって詩を作ったことはありましたけど、文字にして書きとめたことはないんです。

その時は点字も知らないし、書く手立てがありません。書きたいものは詩だけではなく、もっといっぱい書きたかったけど、仕方がありませんでした。

言葉は、目の前にいる人に話すか、残すために書くか、どちらかでしょうけど、書けなかったわけですから、話すしかありませんでした。発信したい、でも、できるのは目の前の人に話すことだけですから、ぼくはおしゃべりでした。

――その時の詩の題材、内容はどんなものでしたか。

いろいろですけど、思想的、哲学的な感じではなく、あるスーダンの有名な英雄の物語というような、ナショナリスティックなものが多かったですかね。知っている話をアラビア語の詩の定型のリズムに乗せて韻文にするんです。兄が作ったものの余韻が残っていますから、そこに自分の思いついた言葉を乗っけていく感じです。

アラビア語の詩の定型は種類がいっぱいあります。それはもう、いっぱいです。その中のどれかに、知ってる英雄の物語を流し込むように乗せていくわけです。

――それでは、文章を書くようになったのは日本に来てからなんですね。

そうです。まさか、日本語でこんなふうに書けるようになるとは思ってもいませんでした。日本に来た時、いろんな人に、ぼくは珍しい生き物として興味を持たれたようです。福井では、盲学校の「あめつち」という便りとか、いろんなところに書けと言われて、仕方なく書きました。「スーダンから来ました。これから、日本語がんばります」みたいな文章を書いていました。そのころ、点字新聞「点字毎日」に原稿を書いてくれと言われまして、それが学校の外のメディアで、日本語で文章を書いた最初です。その時も点字で、「日本語は大変だけど、がんばります」みたいな文章を書きました。

その時は、点字しか使っていませんでしたから、点字用紙一枚とか二枚とか、指定された分量に合わせて書いて、書くと「さあ、終わった。もういいや」という感じでした。とりあえず終わらせればよく、書くことが特におもしろいとも思いませんでした。

そのあと、筑波技術短大に行って、パソコンで電子メールが使えるようになったのが二〇〇一年のことです。友だちとだったら、話し言葉で書きますね。それがちょっとおもしろくなってきました。

筑波技術短大では、「文章技法」という授業があったんですが、ひどい成績でした。この授業はアカデミックな文章を書くためのものでしたが、ぼくはそれが書けなかったんです。印象で書くだけでしたから、全部お話になってしまうんです。先生はすごく厳しくて、論理的な構成になっていない、といつも言われました。

ぼくは、日本の論文は読みにくいと思います。その最大の理由は、結論が最後に来るからです。結論を最初にもってきてもらえると、すごく分かりやすくなります。英語などでは結論から書くので、そこにこの人はどうやってたどりついたのかと思って、そのあとの文章をおもしろく読んでいくことができます。でも、日本語の論文のように、この先いったいどこに連れていかれるか分からないというのは困ります。

その授業は日本人向けで、ぼくとはそもそも噛み合わないところがあったと思います。先生も普段はもっぱら日本人に教えていて、外国人に教えることに慣れていないようでした。このころまで、日本語で書くということに特別な興味はありませんでした。日本語はまあ、身近な人に向けて、必要に応じてしゃべればいいと思っていました。

——話し言葉の日本語で、おもしろい表現を試みようとしたことはありませんか。

そうですね。まあ、聞く人がおもしろがってくれたら、もっとおもしろくしようとしていましたね。たとえば、おもしろいギャグは、目の前の人が喜んでくれます。そういうのは好きでしたね。今も好きです。なんでもないことを切羽詰まったように言ってみたりするのも、おもしろがってもらえます。二〇〇三年からは携帯メールも使いはじめましたけど、メールでは時々、それまで話すのに使ってきた文体でそのまま書くこともやってみるようになりました。

出会いに導かれて

——アブディンさんはその後、エッセイストとしてあちこちに文章を寄せていますが、そうなるまでのいきさつを聞かせてください。

二〇〇二年に、ノンフィクション作家の高野秀行《たかのひでゆき》さんと出会いました。日本にたどりついた、いろんな外国人にインタビューするという本の企画で、彼が筑波に来たんです。当時のぼくは、まだ書いていないどころか、書くことに興味もなく、想像もできませんでした。

高野さんと二人で話すと、話が盛り上がるんです。特に野球の話になりますと、彼は熱烈な巨人ファンで、ぼくはカープのファンですからね。普通だったら、巨人ファンでも、こっちが「巨人だめだよね」とか言うと、「ま、そうですね」とか合わせるもんでしょう。それを、高野さんは激昂してくるんです。「どこがだめなんだよ」って。おもしろい、珍しいタイプの生き物だなあと思いました。なんか、ウマが合ったんですね。そこから個人的な長い付き合いが始まりました。

高野さんと会うと、ぼくはいっぱい食べながら、一人で何時間もしゃべりつづけたりしたんです。ある時、高野さんが、「おもしろいから、それ、書かないか」と言いだしました。そう言われても、「今、言ったようなことを書いたってしょうがないんじゃないですか」とぼくは答えました。書くというのは、ぼくにとって敷居が高かったんです。書くといえば出版物の時代ですから、ある程度のレベルでないと出版物にはなりません。ぼくの話している馬鹿話が本になるなんて、ぼくには到底考えられませんでした。ぼくは日本のいろんな本を読んでいたと言っても、周囲に推薦された近代文学をはじめとする、かなりの大御所の作品を読んできたわけで、現代の若い人が書いた軽いエッセイなんかは読んだことがなかったんですよ。だから、最初は高野さんが何を言ってるのか、まったく分かりませんでした。

高野さんの奥さんは、小学館のノンフィクション大賞をもらった片野ゆかさんで、*犬の話をよく書く人です。その賞金が一千万円（当時）でした。いまは三百万円になったそうですが。それで、高野さんが「書いてよ。自分が編集者になってあげるから、一千万円もらったら山分けしよう」と言いだしたんです。五百万円ずつならいいだろう、と。その時は想像できないほどの額でした。それならやってみようかということになって、何回もファミリーレストランで打ち合わせをしました。でも、いつも野球の話になってしまうので、これではだめだ、第三者を入れようということで、彼の知り合いの方に交じってもらいましたが、それでもやっぱり野球の話になってしまうんです。ある時、彼が「なんで書かないの」と言うので、「ぼくはただの一学生で、人生について語るようなものは何もな

＊二〇〇五年に『昭和犬奇人　平岩米吉伝』で受賞（のちに『愛犬王　平岩米吉伝』に改題）

いんです」と答えたらしいんですよ。ぼくはよく覚えていないんですが、高野さんはこれを聞いて、ぼくに書けというのをやめたそうです。そういうことが一度あったんです。

そのあとも、たまたま会った別の出版社の人から「何か書いてくれ」と言われたことがあったんですが、ぼくがちょっと書いて高野さんに見せたら、「こんなのだめだよ」と言われました。高野さんは、だめな本を出されるくらいなら、がんばってほしいと思いなおしたんでしょう。堀内倫子《ほりうちみちこ》さんっていう、彼が信頼しているフリーランスの編集者に相談してくれました。そしたら、堀内さんが、ぼくに細かく「こういうことをまず一ページ書いてください」って言うんで、いくつかのネタを書き、そうしたら今度は、「おもしろいから、この部分を膨らませて、こういうふうに書いてください」と細かく指定して言ってくれるんです。こうして短いのを三つくらい書きました。

堀内さんは、「大型新人かもしれない、化ける可能性を秘めています」と盛り上げてくれたので、ぼくは、乗せられたわけです(笑)。褒められると人間、気持ちがよくなりますから、それで、書こうという気になりました。

はっきり言って、動機は一千万円でした。でも、おもしろいと期待してくれる人がいると、その人のために書こうという気になってきます。書き方について具体的に指図するのではなく、「ここがおもしろいから、ここを中心にして、こういうところを膨らませて」と言って、周囲の状況はどうだったのか、どんなふうに思ったのかとか、質問してくれるんです。そうしたら、自分の中にある未開の領域までこう、意識にのぼってきます。まず、自分の中にあるものを掘り起こすということなんです。人間って自分の過去をそんなにさらけ出したくないじゃありませんか。そもそも、自分の中の何が他人にとって価値があるかなんて分かりません。こんな話を他人にしておもしろいのかと心配になります。でも、話してみたら、すごくおもしろいと食いついてくれます。そういうところがプロなんです。そうやって堀内さんは、ぼくをプロデュースしてくれたわけです。堀内さんに会って、初めて書いてみようという気になりました。

ところが、堀内さんは二〇〇九年に亡くなりました。ほんとに突然でした。五十代後半の無念の死で、高野さんの悲しみは深く、ぼくは高野さんが泣くのを初めて見ました。

そうして、本の話は一度消えてしまいました。ぼくは、もう勉強に専念するしかないという気になったんですが、高野さんとの交流は続いて、時々、電話で二時間、三時間と馬鹿な話をしていたら、高野さんが書いてるものに「アブディンがこういうことを言ってた」などと使われたりしました。それをポプラ社の斉藤尚美《さいとうなおみ》さんが見て、「高野さんのエッセイによく出てくる、このアブディンさんに会わせてもらえませんか」と言ってくれたわけです。斉藤さんに、堀内さんに言われて書いたものを見せたところ、びっくりして、「おもしろい。プロとして連載の原稿を書いてもらいたい」と言ってくれて、ポプラ社のウェブサイトでの連載が始まりました。それが後に本になった、「わが盲想」です。

最初に、高野さんも一緒に構想を考えました。時間をかけて議論しながら、まず十二のテーマで構想を立てました。この時に、いっぱい聞かれて、たくさん話しました。構想を立てるにはそれだけ聞き出さなければならないんですね。編集者っておもしろい仕事だと思いました。人の話を聞くというのは大変なことです。十二回分が決まって、ほっとしました。

十二回で完結という計画でしたが、結果的には十五回分書きました。ウェブサイトに載ったのは第十一回までかな。残りは本のために整えて、全部あわせると二七〇ページぐらいになって、これが『わが盲想』という本にまとまりました。

――文章を書く時、具体的にはどうやって書くんですか。

日本語で原稿を書く時は、パソコンを使います。漢字は、コマンドを「詳細読み」にすると、どの漢字か音声で説明してくれますから、それを聞いて正しい漢字を選びます。そうやって、書いていくんです。書いた原稿を編集者に送って、これではだめだと言われたりすると書き直すわけですが、その時は前に書いたものを部分的に手直しするよりも、一度全部その文章から離れて、そこから解放されて、最初からやり直します。前の原稿があると、どうしてもこだわってしまうし、せっかくここまで書いたのにと離れにくくなってしまいます。ですから、全部消して最初から書くんです。前の文章を潔く諦めて、指摘されたことを意識して、最初から新しく書いたものが、次には一発で通ります。

いろいろ指摘された文章は、部分的に直してもいいものにはなりません。なぜかというと、文章にはリズムが必要だからです。自分のリズムで書いたものが違うと言われて、それを手直ししたりしたら、自分のリズムじゃなくなってしまいます。文章を書いている時、ぼくには、自分の書いてるものが音声として聞こえているんです。リズムをとりながら書いているわけですから、部分的に直せと言われても、五十キロで走ってきた電車に三十キロで走れと言うようなもので無理があって、結果、自分のものではなくなってしまいます。だから最初から書き直すんです。

――ということは、書くのは速いほうなんですね。

ええ、そうだと思います。書きはじめるまでに相当時間がかかるんですが、書きだしたら一気に書き上げます。メモはとらないで、頭の中で考えるんですけど、その時は妻に声をかけられても聞こえません。それがなかなかまとまらないと、時には熱が出るんです。頭のなかで、ぱっとした瞬間にまとまると書けるんですけど、そこまで行かなくて、わあああという感じになると、熱が出てしまう。それを越えると書けるんですけどね、そこに行く前にどんと倒れる時があるんですよ。これが、なかなかつらいんです。

エッセイを一つ書くために、これだけのエネルギーを使いますからね。最近、書こうとすると、ああ、またああなるんだろうと先に思ってしまって、そうすると、書きはじめることさえ、ためらわれてしまいます。特に今、大学の授業の準備が大変で、こういうのを書こうという必要なエネルギーが残らないんだよね。夏とか春の授業のない時期が、書ける時期ですね。

書くことの喜びと悩み

――デビュー作とも言えるご著書『わが盲想』は、ゴーストライターが書いたのかと言われたそうですね。

そうなんですよ。それは、まあ、半分はうれしいんですよね。それほど、こなれた日本語だと思われたわけですから。それで、ちょっといい気になったところもあったかもしれません。そのあと、変にうまく書いてやろうと思った時期があるんです。でも、変な野望があるといいものは書けません。日本語をうまく書こうと思ってはだめで、自分の中から出てくるものを書く、ということに集中したほうがいいですね。難しい言葉は使わない。分かりやすい言葉で、分かりやすく書く。

今も、ポプラ社のウェブサイトに「半分日本人」というエッセイを、不定期で連載しています。日本アラブ協会の「季刊アラブ」にも連載があって、年に四回、三か月に一回です。短いですけど、短いからこそ難しいですね。二〇一八年からは、「点字毎日」でも連載が始まりました。盲学校時代に、初めてぼくに原稿依頼をくれた、視覚障害者向けの新聞です。二十年ぶりに、今度は連載を書くことになりました。こちらも三か月に一回です。注文は「点字用紙何枚」と書かれていますが、そう言われても、もうぼくには分かりません。今は点字で書いていないことを、先方も分かってくれているので、普通に書いて出せば、向こうで点字にしてくれます。「点字毎日」は、読者が視覚障害者や視覚障害者に関係のある人ですから、彼らが読むことを意識しながら書いています。

ありがたいことに、注文を受けて書いていますけど、まだまだ「エッセイスト」なんて言えません。エッセイストだったら、一年に一冊、本を出すくらいでないといけません。ぼくのは物珍しさでみなさんが読んでくれてるんだと思います。特に、最近書いているものはおもしろくないんです。あれこれ書いてはいるんですけど、なかなか本になるだけの分量には届きません。

――エッセイ「ぼくらを見守るお月様」は、二〇一六年のベスト・エッセイ*の一つに選ばれました。

あれは、大変でした。もともと新潮社の「考える人」二〇一五年秋号に書いたものですが、その号の特集は「宇宙」だったんです。でも、ぼくは月以外、星は見た記憶もないし、宇宙のことは分かりません。一番弱い分野なんですよ。惑星とか宇宙のしくみもよく分かりません。でも、打ち合わせの時にお寿司をごちそうしてもらいましたから、断れないんですよね。高野さんに、「書けないから辞退したいんだ」と相談したら、「ここは大事だ。ちゃんとやったら次の仕事につながるかもしれないから書け」と言われました。でも、ほんとに書けなくて寝られなくて、熱が出ました。一週間ぐらい苦しんで、それでやっと書いたのが「ぼくらを見守るお月様」というエッセイなんです。どうか、これで許してください、という感じで仕上げました。「宇宙」について書くことなんかできませんけど、求められたテーマにはかすりもしないと思いますけどって、謝りのメールを書いて、とにかく約束を果たしたんです。二千字を書くのが、こんなに苦しいものかと思ったんですが、ありがたいことに『ベスト・エッセイ２０１６』に載せますよ、と言ってもらえたわけです。うれしかったです。

＊日本文藝家協会編『ベスト・エッセイ２０１６』(光村図書出版)

――アブディンさんの文章は、日本語のおもしろさを生かして書かれていると思います。さまざまな文体を使いわけて、書き言葉の中に話し言葉を入れ込む機微、巧妙な緩急、歯切れのよさ、つっこみに関西弁や得意のおやじギャグが入ったり、日本語の表現が魅力的です。

ありがとうございます。お恥ずかしいです。まあ、怖いもの知らずっていう感じです。日本語は文学作品もたくさん読みましたから、頭の中でリズムができているんです。いろいろな名作から感じとった文章の流れのようなもの、響きやリズムが頭に残っているんですよね。それで書きやすいんです。

ぼくは、日本語で書いているわけですけど、それ以外の言語で書くことはありません。ぼくにとって読み書きをトレーニングした言語は日本語だけなんです。アラビア語は母語ですが、書く力はアラビア語より日本語のほうが上だと思います。アラビア語は文章を書くハードルが高いんですよ。日本語も低くはありませんが、いっぱい本を読んでトレーニングをしていますから、そうやって培われた力で書けるようになったんだと思います。

日本語だからこそ書けるということもあるんです。『わが盲想』にも書いたお酒の話なんか、アラビア語では書けません。戦争の話もそうです。父を「ライオン」にたとえていますけど、これはとても本人に読ませるわけにはいきません。それなのに、ある時、日本人が父に「アブディンがあなたのことをライオンって書いていますよ」と言ったんですよ。もう、空気読んでくださいよ、と思いましたけど、「そうですよ、お父さんはライオンのように勇ましくて威厳があると書きました」とか言って、苦し紛れに逃げました。それ以上の追跡調査はなかったので、なんとかなりました。

——そうすると、日本語で書くのは、ある人たちに「読まれないため」というのもあるわけですか。

あります。いろんな人を無神経にいじったりしていますからね。日本語だと自由に書けます。迷惑もかかりません。もちろん、それだけではなくて、文体も含めて日本語ならではの作品ですから、翻訳したら価値がなくなります。

——その日本語の、他の言語に翻訳できない味わいについて、もう少し聞かせてください。

日本で暮らしているということは、ぼくにとって、お笑いの文化の中で生きてるようなものなんです。異文化に触れた時、自分と違う文化に出合った時は、全部それが何かおかしく感じます。だから、日本人にとってはなんでもないことが、ぼくにとっては笑いの対象になるんです。まずは自分の中で笑って、それを言葉にして表現する。異文化に触れるたびにね。たとえば、スーダンではトイレに関する言葉は、普通はごく慎んで、口に出すことはないんですけど、日本のお母さんは子どもに「おしっこ、おしっこ」と大きな声で言うでしょう。あれを見ると、笑ってしまうんです。「やばいね、こんなこと言ってるんだ」ってね。そういうのを聞くと、妻もやっぱり笑っています。ぼくらは、直接的な言葉は使わず、かなり遠回しの言い方をするんです。それなのに日本では、「おしっこ、出た？」なんて、こんなこと、こんなところで大きな声で平気で言うんだって、笑ってしまうわけです。

お笑いと言っても、テレビのバラエティ番組のような、コンテキストのない瞬発的な笑いは、ぼくは苦手です。落語の雰囲気が好きです。落語はさらっと、冷静にしゃべってるんですよね。で、仕組んであるんですよ。知的です。ネタは決まっていて、そこに持っていくまでのお膳立てが腕の見せ所です。それがうまい人は、きっと文章もうまいと思います。ぼくは、そんなふうに書いてみたいと思うわけです。

――書く時に辞書をひくことはありますか。

いや、ありません。そんなことはできません。頭の中で考えて考えて書くから、時間がかかるんですよ。これは全部頭の中にある言葉です。

最初に書く時は、必ずしも読者を想定しないで書くんですよ。自分が読んできたものの文体が頭に残っていますから、普通の話を深刻そうに書いたり、自分の中では何気ない話を強調して書いたり、そういうことをやってみるのは、自分としても快感です。『わが盲想』では、父をライオンにたとえて、親子の駆け引きを国家間の戦争のように書いているんですが、あれは夏目漱石の影響を受けています。『吾輩は猫である』の描写に、日常を大げさな表現であらわす手法が使われていますね。「あいつらを掃滅せねばならぬ」というようなやつです*。

まあ、ぼくの日本語にもっとも大きな影響を与えたのは、夏目漱石であると言えると思います。でも、そう言うと図々しく聞こえませんか。漱石の影響を受けているなんて言うと、「お前、関係ねえだろ」とどこかから言われそうで、それが心配で言いにくかったんですけど、じつは、そうです。

――『わが盲想』からは楽しんで書いているような印象を受けますが、実際に書いている時の気分は、どうでしたか。

ポプラ社のウェブ連載で書いている時は、自分の話を書いてるわけですから、気分よく楽しみながら書いていました。人に指図を受けることはありませんし、文献を確認する必要もありません。それに、ウェブサイトは、毎回載せるたびに反響があるんです。数は回によって違いますが、多い時は「いいね」が三百とか五百とか。そのあと、連載の宣伝のためにツイッターのアカウントを作ったら、二千人くらいがフォローしてくれました。この数字は、ほかの人に比べると多くはないかもしれませんけど、ぼくにとっては多いです。

書いていくうちにリズムもできてきますし、気分がよかったんです。
　本にする時には、事実と年代の確認など、校閲者が丁寧にチェックしてくれました。二〇〇一年にこんなことがあったとか調べて、この話はこれじゃないかとか、事実関係を確認してくれたんです。その時、ちょっと怖いなと思いました。ぼくにも確認するように言われましたが、読み上げソフトの機械音声で聞くと、あまりよく分かりませんから、一回肉声で読んでほしいと頼んで、担当の斉藤さんに全部読み上げてもらいました。読んでもらうと、「そんな変なこと書いてたんだ」と思う箇所が見つかったり、「ここはリズムが悪すぎる、直します」と言ったりして、その場で直しました。一日読み上げてもらって、その都度、変なところをマークして、声で確認して完成しました。

――読者からのコメントや感想はどんなものでしたか。

＊「一」に次の表現がある。「どうしても我等猫族が親子の愛を完くして美しい家族的生活をするには人間と戦ってこれを剿滅《そうめつ》せねばならぬ」

刊行後には感想文がたくさん届きました。手書きのものは、そのままでは読めませんから、タイプしてもらって読み上げソフトで読みました。たいていは好意的で、おもしろかったと言ってくれていました。

ところが一つ、忘れられないメッセージがあったんです。『わが盲想』のどこかに、思想があれこれ極端に変わる人について、「精神分裂病になるんじゃないかと思った」というようなことを書いたんですよ。それについて、ある読者から「自分は分裂病で、一生懸命それと闘っています。できたら、こういうネガティブな文脈で使うのは慎んでもらえませんか」というような手紙が来たわけです。ぼくはこれを読んだ時、ものを書く怖さを初めて知りました。自分は自分の世界に入っていて、読者のことをあまり考えていなかったけど、読む人によって、いろんな感じ方があることを考えるようになりました。その読者には、「申し訳ありませんでした」と伝えました。向こうも何かしろと要求してきたわけではなく、できたら考えてほしいというような姿勢でしたから、ご本人からはそれっきりなんですけど、ああ、いけなかった、ほんとに悪いことをしたと思いました。

不特定多数に向けて書くということ、どんな状況の人が読むか分からないものを書くということは、やっぱり大変なことだと、今更ながら思いました。ラジオはその場で終わりますけど、書いたものは残ります。それで、それ以来、慎重になってしまったんですよ。その後の文章は、『わが盲想』に比べると瑞々しさや大胆さがないとよく言われるんです。それは、その怖さを知ってしまったからです。

これはけっこう堪《こた》えましして、もう一度、明るい気持ちで作品を書けるようになるまでが、大変でした。「僕らを見守るお月様」を書いた時の苦しみは、これも原因なんです。「わが盲想」を連載していた時、こんなに苦しんだことはありません。一度書いていますから、変に力が入って、うまく書かなければと、そんな必要ないのにプレッシャーを感じてしまうんです。

『わが盲想』を書いた時、「ものを書く仕事もいいなあ」と妻に言ったことがあります。でも妻は、「いいえ、これは仕事ではありません」って。「これは趣味です。まず九時から五時まで仕事をした上で、好きな時間にやってください」と言われてしまいました。この世界で勝負するっていうのは、やっぱり大変です。それだけで食べてる人はほんの一握りしかいませんからね。

今ちょっとスランプなのは、一度、下手に注目されて、いや、まあ、自分が注目されたと勝手に勘違いしているのかもしれませんけれど、そんなふうに感じて、怖くなってしまっているからだと思います。

さらなる野望

――これから、どんなものを書きたいと考えていますか。

やっぱり、戦争のことは何か、書かなければならないと思っています。まともに言うと説教じみてしまいますから、フィクションは一つの方法としてありますね。戦争物はかなり書かれていますから、同じようなものになってはだめなんです。人間のジレンマだと思いますけど、上の世代に戦争はだめだとか言われても、若者は余計なお世話だと思ってしまいます。やっぱり経験しないと分からないことってあるんです。日本は戦後七十五年が過ぎ、戦争を経験した人は少なくなっていますけど、ぼくはそれより若い世代の戦争経験者です。経験者だからこそ、伝えられることはあると思います。

でも、戦争の描き方は難しいです。何か新しい切り口を考えなければならないと思います。スーダンでは、国のためと思って死んだ人が大勢いるんです。死んだら天国に行けると言って若者を煽っていた人は、権力闘争に負けると、あの戦争で死んだのは「ファティーサ」、つまり、あれはただの腐った死体だって、信じられないことを言っています。ほんとに優秀な友人たちが、大勢死んでいきました。優秀な人に限って死にました。こうした思いを伝えられるのは、文学作品だろうと思います。小説じゃなくてもいいかもしれません。若い人に真剣に考えてもらうにはどうすればいいのか。ストラテジーを変える必要があると思います。

極端な話ですけど、たとえば徴兵制になれば、あ、戦争になったら自分も行かなくちゃいけないんだと気づきます。そうして若者たちから運動が起きるといいなと思ったりするんです。今は戦争になったとしても、自衛隊が行くから自分は関係ないと、みんな思っているようです。でも、戦争が始まったら、有無を言わさず総動員されてしまいます。準備もできないまま戦争に駆り立てられます。

――戦争のこと、アブディンさんの文学的な文章で伝えられたらいいですよね。

そうなんですけどね。まだ、具体的な計画は浮かびません。『わが盲想』を書いたころは、国籍はスーダンでしたから、日本語で何を書いても母国に逃げ場があるという気持ちがどこかにあったんですが、今は帰化して日本人になりましたから、もう逃げ場はありません。この社会でずっと生きていかなければならないと思うと、あまり冒険はできないという気持ちにもなります。

自分のことを書くのは簡単ですが、それ以外のものを書くには、調べなければいけません。自分の中を整理するためにも、取材して刺激を受けたいですね。たとえば、戦争で死んだ友だちの家族を訪ねて、話を聞いてみるのもいいと思います。戦争のことを書こうとしたら、よく調べないと。文章は文学的に、それでも、事実関係などはよく調べないといけません。その努力ができるかどうか。

――日本語の表現の上で、これからさらに挑戦したいことはありますか。

ぼくは粗削りですけど、「これで文句ありますか」ってちょっと開き直ったような書き方をしたいんです。当たり障りのない日本語を書くたびに悲しくなります。最近、けっこうそれをやっているんです。うまく書こうなんて、そういう器じゃないんですからね、そんな器じゃないっていう開放感がないと、書けません。

最近、ぼくの日本語の弱いところを分析しているんですが、それは、四字熟語と複合動詞だと思います。なんとなく使ってはいるんですけど、すでに仕込んだものだけで済ませてしまっていて、ほんとはけっこう不足しているんです。

複合動詞でうまくいったと思うのは、『わが盲想』の中に書いた、ライオン(父)に「ちぎり殺されるかと思った」のような表現ですけど、この「ちぎり殺す」は、日本語の辞書にはありません。本にする時、「辞書にないけどこのままにしましょう」って、言ってもらった言葉です。「ちぎり殺す」は自然に出てきたんです。殺し方としてはすごく残酷ですよね。ぼくには見えるんですよ。ライオンですから、そういう残酷な殺し方。この言葉で表現できたと思います。もっともっと複合動詞の知識を増やして感覚を磨くと、もっといろんなことが表現ができると思います。

それから四字熟語も、一発で表現できるじゃないですか。ぐるぐる言ったあとで、ばんと四字熟語。『わが盲想』の中で四字熟語というと、「コンゴ動乱は言語道断」というのをかましました。これは、四字熟語の知識はまだ足りないのに、珍しく知ってるものだけで勝負をかけているんです。これだけを読むと、よく知ってるように思われますよね。そんな錯覚を読者にもたせて、実力以上に評価してもらっているところがあります。本当は、まだまだ使いこなせないものがたくさんあるんです。時々、ここにぴったりの四字熟語があったはずだよなあ、とうっすらと思うんだけれど、思い出せなくて書けないということがあるんですよ。四字熟語は地道に仕込んで、ここぞというところで生き生きと使ってみたいと思います。

――新しい本の計画などは、あるんですか。

『わが盲想』と同じ調子で書いたとしても、飽きられてしまいます。だからと言って、日本で起きている社会問題を取り上げると説教臭くなります。日本自体の空気も変わってきていて、今は、外から入ってきた者が日本について批判するのを許さないというような雰囲気が一部にありますから、慎重にふるまうことも大事です。それに、仕事のほうをしっかりやらなければいけません。子どもも三人いますから、まずは、生活をしっかりしないと。そう思うと、なかなかやりにくいんです。

でも、一つ取り組もうとしていることがあります。二〇一九年四月十一日、スーダンのオマル・アル＝バシール大統領が失脚し、彼が行ってきた強権的な独裁政権が崩壊しました。平和的デモ、抗議行動によって追い詰めた民衆の勝利です。その後、まだ落ちつかず、必ずしも先が見えているわけではありませんが、区切りはつきました。一九八九年六月三十日、バシールが無血クーデターでイスラム主義の政権を作って以来、曲折を経ながらも彼の時代は三十年間、続きました。中東のことを書く人、アフリカのことを書く人がいても、スーダンはどちらからも漏れがちで、書く人が少ないんです。ですから、この三十年を振り返って、この間のスーダンの挫折と希望を一冊の本に書きたいと思っています。

――ますますのご活躍、楽しみにしています。どうもありがとうございました。

おわりに

アブディンさんの日本語は、話を聞くのもおもしろいけれど、文章になるとさらに冴える。的確なことば選び、絶妙な比喩、ユーモアを交えたリズミカルな文章。厳格な父上をライオンにたとえて丸腰で挑む攻防戦の様子など、勢いのあるスリリングな文章に、読者はぐいぐい引き込まれる。全体に歯切れがいいのも小気味よい。

アブディンさんは、この日本語を十九歳で一から学んだ。

人は、生まれた時に待ち構えている言語（母語）には無防備だ。その言語の秩序にコントロールされながら成長し、自己が形成されていく。しかし、すでに確立された自己が、新しく獲得した言語（外国語）は違う。努力して自分のものにしたその言語は、自分でコントロールすることができる。

アブディンさんの日本語も例外ではない。アブディンさんは、体当たりで手に入れた日本語を自由自在に転がして、楽しみながら書いている。それを通して、読者は日本語の楽しさ、味わい深さに、出合いなおすことができる。

この本のための一連のインタビューで私が最も聞きたかったのは、アブディンさんの個性あふれる魅力的な日本語表現の来歴である。視覚障害をもつアブディンさんの漢字使用などについて、技術的なことも教えてもらいたいなどと、アブディンさんには言ったかもしれないが、本当の目的はその先にあった。

外国語学習に奇跡はない。まして、巧みな文章は、努力なしには書けない。アブディンさんのこの軽妙な文章の背後には気の遠くなるほどの努力があるはずだった。一歩ずつ踏みしめながら歩いてきた道が、必ずある。この本は、それを聞き出してまとめたものである。それは、アブディンさん独自のものだが、考えさせられることは多い。たとえば、アブディンさんが奥様に「あんたも目が見えていたら、日本語できるようにならなかったよ」と言われたという話。小説を読むというと、漢字の困難を思わずにいられなかった私に、音声で聴けば漢字の障壁は吹き飛ぶという、考えてみれば当たり前の事実に気づかせてくれた。これなら、目の見える人でもできる。アブディンさんの話から得られるものは、ほかにもたくさんある。

インタビューは、二〇一八年の早春から二〇二〇年の夏にかけて六回行った。つい時間を忘れて盛り上がってしまうので、都合三十時間近くに及んだが、その中から本書のテーマである言語、とくに日本語にかかわる部分を、編集者の轟木さんと相談しながら抜き出して再構成し、アブディンさんの語りを生かして、まず私が原案を書いた。

そのあと、アブディンさんのお話に登場する福井の高瀬公子さん、荒川清美さん、義弘さん、そして筑波の大森哲實さんにもお話をうかがった。二〇二〇年夏、新型コロナウイルスの感染拡大への対応として広域移動が難しくなったため、電話やメール、オンライン会議システムを用いての対話だったが、みなさん、優しい表情で楽しそうに語られたのが印象的だった。アブディンさんのお話と併せて、味わっていただけたらと思う。

さて、原案ができたあと、アブディンさん、轟木さんと私の三人で、最初から順に、五回ほどに分けて読み合わせを行った。文章を質の高いものにするには、音読されたものを聴いて直すのがいいとアブディンさんが言ったし、私もアブディンさんに確認したいことがあった。順にアブディンさんに聞いてもらっては、納得のいく表現に置き換えていくと同時に、細かい疑問を解消し、記述をより正確で分かりやすいものに整えた。

この作業はコロナ禍の二〇二〇年、オンライン会議システムを通して行った。三人の都合を合わせると、日暮れ時から深夜に及ぶことが多かった。パソコンの画面に、三人のそれぞれの部屋からの画像が並んでいる。アブディンさんの画面が次第に暗くなり、やがて漆黒になる。闇の奥に見えなくなったアブディンさんは、何一つ変わらぬ様子、口調で話を続ける。ああ、そうだった、アブディンさんに光は関係ないのだった、と思いつつ、私は『群書類従』を編纂した江戸時代の盲目の国学者、塙保己一《はなわほきいち》を思い出していた。戦前の教科書に載っていた逸話にこんなのがある。保己一が門弟を集めて講義をしている時、灯火が消え、門弟たちが騒ぎ出す。と、保己一は平然として言うのだ。「さてさて、目あき〈目の見える人〉というものは不自由なものだ」。

轟木さんも私も何も言わなかったけれど、私は胸がいっぱいになっていた。ああ、ここに、塙保己一のような人がいる。闇の中から明るい声で楽しい話をしてくれる。渾身の日本語ギャグで笑わせようとしてくれる。

アブディンさんには、これからも、日本語の作品を、ゆっくりでいいから長く書いていってもらいたい。そして、この本を読んで奮起した読者の中から、新しい日本語の書き手が生まれることを、期待せずにはいられない。日本語が母語であってもなくても、障害があってもなくても、関係ない。

二〇二一年三月十九日　午前六時

河路由佳

インタビューに登場した本

モハメド・オマル・アブディン『わが盲想』（ポプラ社）
モハメド・オマル・アブディン「ぼくらを見守るお月様」（日本文藝家協会編『ベスト・エッセイ 2016』、光村図書出版）
『コーラン（上・中・下）』（井筒俊彦訳、岩波文庫）
遠藤周作『深い河』（講談社文庫）
遠藤周作『ぐうたら社会学』（集英社文庫）
三宮麻由子『鳥が教えてくれた空』（集英社文庫）
天童荒太『永遠の仔（上・下）』（幻冬舎）
金城一紀『GO』（角川文庫）
重松清『ビタミンF』（新潮文庫）
太宰治『人間失格』（岩波文庫ほか）
夏目漱石『坊ちゃん』（新潮文庫ほか）

夏目漱石『こころ』（新潮文庫ほか）
夏目漱石『三四郎』（新潮文庫ほか）
夏目漱石『吾輩は猫である』（新潮文庫ほか）
三浦綾子『氷点（上・下）』（角川文庫）
三浦綾子『塩狩峠（上・下）』（新潮文庫）
三浦綾子『銃口（上・下）』（小学館文庫）
三島由紀夫『金閣寺』（新潮文庫）
村上春樹『ノルウェイの森（上・下）』（講談社文庫）

Chronology

モハメド・オマル・アブディン 年譜

一九七八年	スーダンの首都ハルツームに生まれる ＊生まれたときから弱視で、十二歳のときに視力を失う
一九九七年	ハルツーム大学法学部に入学
一九九八年	国際視覚障害者援護協会の招聘を受け、来日 福井県立盲学校高等部専攻科理療科に入学 ＊鍼灸・マッサージを専攻し、日本語の点字を学ぶ
二〇〇一年	日本語能力試験一級を取得 福井県立盲学校高等部専攻科理療科を卒業 鍼師・灸師・マッサージ師国家資格を取得 筑波技術短期大学情報処理学科に入学 ＊コンピュータと音声読み上げソフトの使用を習得 ＊ブラインドサッカーと出合う
二〇〇三年	東京外国語大学外国語学部日本課程日本語専攻に入学

＊母国スーダンにて、視覚障害を持つ子どもたちへの点字学習支援を行う。
二〇〇五年には視覚障害者サッカー普及活動を開始

二〇〇七年	東京外国語大学卒業 同大学大学院地域文化研究科国際協力専攻平和構築・紛争予防専修コースに進学 任意団体「スーダン障害者教育支援の会」立ち上げ
二〇〇八年	「スーダン障害者教育支援の会」がＮＰＯ法人に
二〇〇九年	同大学修士課程修了後、総合国際学研究科博士後期課程に進学
二〇一三年	ポプラ社より『わが盲想』を出版
二〇一四年	同大学より博士号取得
二〇一四年～二〇一七年	東京外国語大学世界言語社会教育センター特任助教
二〇一七年～二〇二〇年	学習院大学法学部特別客員教授
二〇一七年	文化庁長官表彰を受ける（文化発信部門）
二〇二〇年～	東洋大学国際共生社会研究センター客員研究員

【本書のテキストデータ提供について】

視覚障害、肢体不自由などを理由として必要とされる方に、本書のテキストデータを提供いたします。ご自身のメールアドレスを明記し、下のテキストデータ引換券（コピー不可）を同封の上、下記宛先まで郵送にてお申し込みください。

【宛先】

〒101-0052
東京都千代田区神田小川町3-24
白水社編集部
『日本語とにらめっこ』テキストデータ係

『日本語とにらめっこ』
テキストデータ
引換券

モハメド・オマル・アブディン（Mohamed Omer Abdin）
1978年、スーダンの首都ハルツーム出身。生まれた時から弱視で、12歳の時に視力を失う。19歳で来日し、福井県立盲学校で鍼灸を学んだのち、東京外国語大学へ進学。スーダンの南北紛争について考察するため、アフリカ地域研究の道へ。同大学大学院に進み、2014年に博士号を取得。東京外国語大学世界言語社会教育センター特任助教、学習院大学法学部特別客員教授を経て、現在、参天製薬株式会社に勤務する傍ら、東洋大学国際共生社会研究センター客員研究員として研究を続ける。また、エッセイスト、特定非営利活動法人スーダン障害者教育支援の会（CAPEDS）代表理事、ブラインドサッカーの選手としても活躍している。
著書：『わが盲想』（ポプラ社）

河路由佳（Kawaji Yuka）
1959年生まれ。杏林大学外国語学部特任教授。専門は日本語教育学、日本語文学。日本文藝家協会会員。
主要著書：『日本語教育と戦争　「国際文化事業」の理想と変容』（新曜社）、『ドナルド・キーン　わたしの日本語修行』（共著、白水社）

日本語とにらめっこ　見えないぼくの学習奮闘記

2021年 4月10日　印刷
2021年 4月30日　発行

著者　　　© モハメド・オマル・アブディン
聞き手・構成 © 河路由佳
発行者　　及川直志
発行所　　株式会社白水社
〒101-0052
東京都千代田区神田小川町 3-24
電話　営業部　03-3291-7811
編集部　03-3291-7821
振替　00190-5-33228
www.hakusuisha.co.jp
印刷所　　株式会社三陽社
製本所　　誠製本株式会社

乱丁・落丁本は，送料小社負担にてお取り替えいたします．
ISBN978-4-560-08898-2
Printed in Japan